U0921884

观虚文丛

自由与束缚

开启生命觉醒的旅程

戈国龙 著

○我是谁？追问灵性的奥秘
○内在工作与外在工作○灵性生活的基石
○禅修的概念及其意义○禅修的核心原理
○禅修的道路○解决五花八门的问题

华龄出版社
HUALING PRESS

图书在版编目（CIP）数据

自由与束缚：开启生命觉醒的旅程 / 戈国龙著 . --
北京：华龄出版社，2022.5
ISBN 978-7-5169-2216-3

Ⅰ . ①自… Ⅱ . ①戈… Ⅲ . ①禅宗—宗教文化—中国
Ⅳ . ①B946.5

中国版本图书馆 CIP 数据核字（2022）第 058610 号

策划编辑	董　巍	责任印制	李未圻
责任编辑	董　巍　彭　博	装帧设计	华彩瑞视

书　　名	自由与束缚：开启生命觉醒的旅程	作　者	戈国龙
出　　版 发　　行	华龄出版社 HUALING PRESS		
社　　址	北京市东城区安定门外大街甲 57 号	邮　编	100011
发　　行	（010）58122255	传　真	（010）84049572
承　　印	运河（唐山）印务有限公司		
版　　次	2022 年 5 月第 1 版	印　次	2022 年 5 月第 1 次印刷
规　　格	710mm × 1000mm	开　本	1/16
印　　张	15.5	字　数	167 千字
书　　号	ISBN 978-7-5169-2216-3		
定　　价	68.00 元		

目录

自　序

当一个人只做自己，按照自己真实的本性去成为你自己，按照你本来的样子去存在，你将会感到一种莫大的喜悦！

你安于当下如是的真实，存在将你带到了你现在的样子，那就是整个存在对你的祝福。你不需要按照他人的期待来改造自己，你不需要成为一个他人眼中对你满意的人，你只需要成为自己满意的人。每个人都有自己的局限与问题，他自己的问题都解决不了，他又如何能解决你的问题？每个人对自己都不满意，他又如何能对你满意？再说，不同的人对你有不同的期待，你到底要满足谁的期待？

当我登山越高，当我进入存在的深处，我就已经是单独一人。整个法界就成了我的家，没有别人，没有别的地方，就是“这个！”一切本自具足，一切圆满无二。这并不是超越于别人而孤独存在的世界，没有别人，只有这无我无人的非二元的存在；这并不是和尘世对立的净土世界，没有任何对立，就是这个整体圆满的世界。

你无法要求别人能够理解你所存在的状态，因为他们只活在他们的头脑之中，他们从未体验到真实的存在，他们只能以他们目前的状态去投射别人，以他们的受限的眼光去打量别人。

你只需要成为圆满的自己，成为存在的光，成为那超越时间的永恒。不需要任何人的理解，也接受一切的误解。不需要刻意地去帮助别人，没有人真的能够解救别人，也没有人能够真的被解救，自己的束缚只有自己去解开，只有自己才能救度自己。你只要真正地活出自己圆满的存在，你的光照与芬芳将会影响和利益有缘的人，永远不要把帮助别人成为培养自我的一个借口。

不受别的人和别的事物所影响，完完全全地成为你自己，这是一件多么喜悦的事啊！平常我们的心受万千的事情和境遇所打扰，我们操心着外面的世界，操心着别人的目光，患得患失，一刻也不得安宁。当你真正地回归到自己纯粹的存在，彻底放下是非人我、得失成败的计较，做自己喜欢做的事情，不为物扰，不随境转，自做主宰，你就成为一个堂堂正正的大写的人，每一天都是金光闪闪的日子，每一刻都是庆祝的欢舞！

我很喜悦地来到了这样一个可以成为自己的时刻，我感受到无比的富足、轻松与自由。除了做一个遵纪守法的公民之外，没有任何人可以对我指指点点，告诉我应该这样做、应该那样做。我的存在状态远在你之上，你自己况且不知道怎么做，你自己的人生都是一团乱麻，你又有何资格来对我说三道四！

我不需要上师，存在就是我的上师，许许多多的先觉者都是我的良师益友，但我不需要一个上师来崇拜，我不依赖于任何人。我也不需要弟子，我不想掌控任何人，我不想被任何人所崇拜和依赖。所有我的学生，都是与我有缘的道友，在我力所能及的范围内，我愿意提供帮助与指导。

成为我自己，意味着既不依赖于上师，也不依赖于弟子，我是完全独立而自由的。我想要完全按照自己真实的本性去生活，不受任何人的干扰；我想要做自己喜欢做的事情，不被任何世俗名利所左右！

存在本身就是无限富足的，是我们的自我在制造无数的问题。我们的比较与贪婪，总是使我们想要拥有更多；我们的执着与恐惧，总是使我们看不到自己的富足。当你活在头脑的计较之中，没有人是满足的。即使你拥有了一座金山，你也还是想要更多！进入无我的存在，当下就是圆满具足的。

成为你自己，就是知道你自己本真的存在，就是活出自己的无限本性，就是飞翔在道的天空中，无边无际，逍遥自得……

这是从束缚走向自由的旅程，欢迎你！

观虚道人

2020 年秋序于观虚斋

导论

1. 开始一段新的旅程

首先我要提醒大家，大家既然来到这里，就一定要全心全意地在这里。把你的身心完全地安顿在当下，过去的把它忘掉，将来的还没有来，不要去管它，这两天有天大的事情都不管，都把它放下。只有这样，你才会有收获。你全然地在这里，和我在一起；我也全然地在这里，和大家在一起。

欢迎你们！是你们内在的佛性把你们引领到这里来。每一个人、每一个生命，其实都蕴含着某种探寻生命终极奥秘的渴望，或早或迟，都会唤醒这样一种灵性的意识。只不过大多数人，在茫茫的红尘当中，他遗忘了；他为生活所迫，不断地向外追寻，去解决他的生计问题，因而他没有时间，没有精力，来追寻生命的奥秘。但终极而言，我们活在这个世界上都是一个很短暂的历程，如果我们不把这种追寻的目光向内在的生命世界去探寻，只是一辈子在外面追寻外在的东西，那我们这一生真的是错过了，这一生就浪费了。

外在的一切对我们现实的生命来讲也很重要，你要吃饭，要有地方住，要有基本的生活条件。但这个不是人生的目的，人不是一辈子为了吃好的，穿好的，或者过一种荣华富贵的生活，而是利用我们生命的这一段时光，来开始内在的探寻，只有找到了我们生命的那种终极的家园、终极的意义，我们的人生才活出了那种焕然一新的状态，才会感觉到我们心里有一种安顿。

在没有悟道之前，每一个生命其实都是很茫然的，都是惶惶不可终日的。你不知道人生到底是怎么回事，不知道我们人生到底要的是什么。当你没钱的时候，你很想要有钱，但我可以很清醒地告诉你，等你有钱了以后，你远远不能解决你的问题，你会要求更多！我常常讲钱是好东西，但它真正的作用就是让我们把钱忘掉，放下了。没钱的时候我们生活很难过，有了钱，我们就可以放下钱，然后我们才可以有能力去追寻更高的境界，去追问存在的意义。

如果我们把钱作为生活的目的，去不断追寻金钱数量的提升，最后你会发现人生空过了。临死的时候，你说你账上有多少财富，毫无意义！

所以首先要祝福大家能够来到这里，说明你们内在有一种探寻，有一种渴望，来到这里就是跟灵性信息的一个联结，就是开始你们生命中的一段新的旅程。

2. 扩展无量无边的心胸

在探寻的道路上，我们并不孤独。在人类历史上，有许许多多的悟道先行者、先觉者，他们已经经历过很多的探险的过程，并取得了成果。我们不是第一次来探寻，如果我们是第一次从头再来的话，那我们成功的希望基本上没有。正是因为有很多的先觉者，可以指引我们，所以我们在探寻的路上才会有所依凭，我们有了学习的对象。

在进入正式的禅修主题之前，我们有几个“开课仪轨”要先观修一下。

第一，就是要“礼敬”。大家双手合十，要发自内心地向历代的先贤大德、历代的悟道者，向佛陀、老子等这些伟大的觉醒的人，发自内心地对他们致以崇高的敬意，致以敬礼。发愿要向他们学习，追随他们的脚步，就像他们一样，做一个觉知的、觉悟的人，我们的人生才会有意义。大家从心里面想象虚空当中有无数的觉悟的人，我们向他们跪拜，想象每一个觉者的脚下都有一个你在真诚地礼拜他们。

在观虚斋教学的课程当中，我们有一个开课的偈子，表示开课的意义或者缘起。大家先跟我念一下“开课偈”，然后我会对这个偈子稍作解释。大家跟我一起念：

家有财富千千万，不如禅悦一瞬间。
无上甚深微妙法，甘露灌顶润心田。

大家如果看过《宗教智慧》这一系列的讲录，就已经知道了这个偈子的意义了。这个开课偈文字很浅显，但是意义很重大。

为什么要把财富和禅悦做一个对比？因为追求财富，是我们每个人都有的一个基本的心愿，包括我在内，有时候我也很想赚钱，我们想建书院也需要资金，这并不是个问题；但是从终极而言，要看清楚财富的意义何在？财富只是为了解决我们现实的问题，而不是解决终极的问题。

从人生的最终的意义上来讲，无论你拥有多少财富，绝对是比不上“禅悦一瞬间”的。什么是禅悦的一瞬间呢？不是简单地说我打坐了，有一个什么体验，感觉很愉快，就是“禅悦”。禅悦有两个层次：第一个层次叫“禅定的喜悦”，当你真正进入禅定之后，有一种喜悦的觉受，身心会有一种愉悦，这种觉受它会生起也会消灭，不究竟；第二个层次是“禅悟的法喜”，那就是觉悟到你的本性，觉悟到你的自性，由这种觉悟得到的一种喜悦，它不是一种感官的快乐，而是一种无相的、无我的、和宇宙大道全然合一的无可言说的体验。

这样一种体验也可以说是“觉悟的一瞬间”或“觉醒的一瞬间”。如果你体验到这样的一个瞬间，当然不是终极的成道，因为你并不是真正地觉悟；但是有了这种体验之后，你的人生就走上了不一样的旅程。你曾经进入过一个神圣的空间，你知道生命有这样一个层次，或者有这样一种境界，是我们可以去追寻的。以后我们修道就不再是盲目地追寻，而是有道路、有方法了。你只要不断地要回到这个世界，回到这种灵性的空间里面去，你已经有了觉醒的种子，这将把我们的人生导向一个开阔的、解脱的世界。

所以两者相比，何者重要？对俗人来说，他肯定不这样认为，但是我相信在座的诸位一定可以认识到这个要点。我们整个观虚斋教学不是讲一种简单的练功的技术，也不是来传达某种固定的说教、教条，而是传达一种方法，一种直达自性或者理解宇宙人生终极奥秘的理论和方法。这样的“法”就是“无上甚深微妙法”，当你领悟到这样的“禅悦一瞬间”，那就相当于整个宇宙的能量给你灌溉，你体验到一种真正的无上的法喜，这种妙乐不是语言或者世间的快乐所能体会到的。

就像一滴水消融在整个的大海之中，整个的小我融化在宇宙的无上自性之中。每个人都在追求更高的生活品质，更幸福的生活方式，但是大多数人走错了方向，我们都是在向外追寻，都在追寻拥有更多的东西——更多的财富、更好的物质条件、更高的地位……但是这种追寻最终带来的都是短暂的刺激性的快乐，而不可能体会到真正的安顿。所以我说，宗教性的体验，这种禅悦的体验，才是我们当今这个时代最重要、最彻底、最极致的生活奢侈品，因为品味到禅悦法喜的人是极为稀有的。

你要追求生活的极致，就一定要走向这种修行或者灵性觉悟的道路。我们整个观虚斋教学课程就是为那些已经准备好的灵魂，已经走在求道路上的灵魂，开启这样一个稀有的世界，提供这样一种丰美的精神盛宴。

第二，我们讲一下皈依。皈依是佛教里面的概念，不管是不是学佛的，都应该听说过这个概念。佛教讲皈依三宝。三宝是哪三宝？就是佛、法、僧。但我们现在不是讲一个宗教性的概念，不是只针对佛教来讲，我们是讲一种普遍性的在整个求道的路上通用的皈依的概念。所以我们要把佛教的这个三宝，做一个普遍性的意义的推广，就是推进一步，在超越这种宗教派别的意义上，皈依是什么？

当我们求道的时候，我们要有一个理想的人格对象，供我们学习。佛者，觉也，那个已经成道、已经觉悟的人，就是佛。所以佛不仅仅是指释迦牟尼佛，佛就是觉者，觉悟的人就是佛，释迦牟尼佛是觉者当中一个卓越的代表。所以我们所皈依的佛，不局限于佛教里面的释迦摩尼佛，是指整个宇宙当中，整个世界当中那些已经觉悟的人，都是佛，我们都要向他们学习。我们超越这种狭隘的宗派观念，不是说要看他属于什么“教”，而是要看他是不是真的觉悟了，觉悟了就是我们的老师，我们就要向他学习。

法是什么？法也不仅是指佛法，也不仅是指佛教里面的这些经文、教法。法，就是觉悟之法，所有引导我们、帮助我们走向觉悟的正法，都是法。真正揭示宇宙人生的实相，提供我们领悟宇宙人生实相的方法的这种教法，都是我们皈依的对象。

同样，对于僧的概念，我们也要做一个推广。僧不仅仅是指佛教的出家人，不是说我们看到一个和尚，就皈依他，以为这就是皈依僧。我们这里不是这个意思。佛教里面怎么讲我不管，我讲的“僧”是借用这个概念，在修道、求道的路上，那些先行者，那些有所成就的人，就是僧。也许他们还没有最终的觉悟，但是他们走在我们前面，也是我们学习的对象。我们不是只向佛学习，就像你读书，你不仅是跟教授学习，还有很多你可以学习的对象。在不同的程度下，你的老师也不一样，当我们的水平太低的时候，太高的老师不一定适合你，他教的东西你可能根本就听不懂，你需要一个像我这样的中间的人。我是大家和佛之间的一个桥梁，我把佛的教导翻译成你能够听懂的语言，帮你去理解佛的教法。所以僧的概念就是修行路上的那些先行者，他们走在我们的前面，值得我们学习。

为了表达我们这样一个皈依三宝的概念，观虚斋教学里面也有一首皈依的偈子。同样大家还是跟我一起念一下，这样念一遍，就会在你的心田里留下种子。要全心全意地用清静的心来念诵：

超越宗派门户见，自性三宝常皈依。

我执法执尽无余，愿证实相得加持。

第一句话就是讲，我们皈依首先要破宗派门户见。因为宗教本来是非常好的东西，都是帮人走向觉悟、帮人向善的，但是在现实中，因为种种的宗教门户的观念，执着这是“我的宗教”，把这种自我、我执掺入到宗教信仰之中，宗教之间相互争夺地盘，反而引起了世界的纷争，走向了宗教的反面。

所以我们学道的人，首先要破除这种宗派门户见。你不要说我是跟某某教派的某老师学的，这个门派的老师最厉害了，你们其他教派都不行。没有这个概念，我们不执于教派，只看他有没有“道”。除非他不是正道的老师，我们不跟他学；只要是正道的老师，原则上都可以学。当然，你可以跟着一个老师一门深入，而不是学很多老师都是浅尝辄止，但你不排斥别的门派的老师。

在观虚斋教学当中，从来没有规定说你们是跟我学道的学生，你们不能向别人学习。我发现哪个老师比我厉害，我会推荐你向他学习。当然邪师还是要分别的，如果你跟错了老师，也不对，这是另外一回事。

我们讲的三宝，最终极的概念是“自性三宝”，三宝最终是我们的自性，也就是你的佛性、你的觉性。这个觉性就是内在的佛，也是最彻底的法与僧，佛法僧三位一体，都在你的自性当中。这是最彻底的皈依，向你内在的佛性学习，唤醒了你内在的觉性之后，你就找到了自己真正的上师即自性上师。这个时候也可以说你就是无师通了，因为所有道理都在自性当中。

我们归依自性三宝的目的，最后要净我执、法执，这是整个修行当中要破除的两个最主要的障碍。所有的烦恼是因为我执，所有的迷惑是因为法执，我执带来烦恼障，法执带来所知障。这都是佛教的概念，但是这些概念是具有普遍意义的。

最终，我们不是说皈依某一个人或者信仰某一个人，成为他的“臣子”并被他控制，而是要去证得实相。实相，客观地讲宇宙的真理就是实相，主观地讲这个真理就是自性，它们是合一的。所谓天人合一，性和道是不二的，悟得了自性也就领悟了道，领悟了道，也就悟得了自性，宇宙最终极的实相是不二的。没有两个东西，不是你证得了一个东西，他证得了另一个东西，如果他们俩所证的东西不一样，那他们之中只有一个可能是对的。但这不是让你争宗派的对错，实相是一，但对实相的诠释是多样的。宇宙的整体实相不可能是两个，这个实相超越了言说分别；不同宗派只是对这个实相的不同的表达，用不同的语言去诠释是可以的，但最终的体验是一样的。

第三，我们讲一下发愿。在整个的修行的道路上，发愿是非常重要的，每次我讲课，都强调了这个问题。今天要再强调一下，修行的第一步要发起大愿，所谓的发起大愿，就是我真的有这种愿力或者志向，没有这种愿力、志向，你在人生的长河当中，你不可能坚持下来。你修了一天，第二天可能就放下了，你说有很重要的事情要处理，你就不来上课了。所以要有这种愿力去引领你整个的人生！

你人生当中有许许多多的目标，有这样那样的不同的方向，但是人的一生像这样方向一旦多了之后，最终就是散乱的，你不知道最终是要追寻什么。发菩提心，就是在整个的人生当中，有一条贯穿始终的主线、主旋律，人生一定要有这样一个主旋律，知道我的人生最根本的目标是什么。我可以做各种各样的事情，但是我很清楚，我做这些事情最终是围绕什么来做。发愿，就是发菩提心，就是发觉悟之心，就是发成佛之心。就是我要通过修行去领悟宇宙人生的真理，去觉醒自己内在的佛性，做一个觉悟的人，把这个作为我们人生的根本目标、根本方向。你还可以赚钱，还可以从事各种各样的工作，但是你一切都围绕主旋律来做，人生才有根本的意义。如果你找到这样一条主线，你做什么都有意义了，你做什么都围绕这条主线来做。

比如说，赚钱是有意义的，因为赚钱是为修道提供更好的条件。修道讲究法、财、侣、地，财也是很重要的。挣钱就是为了自己修道，为了帮助别人修道，这样就通过菩提心把挣钱这件事纳入到你人生的主线上来了。

这个发愿除了自己觉悟之外，还有一个帮助别人觉悟的意愿，这就是自觉、觉他之愿，自觉、觉他的圆满，就是佛。所以成佛之愿就包含了三个方面，即我要自觉，我要觉他，我要达到两方面的圆满，就是自觉，觉他，觉行圆满。所以发菩提心就是发成佛之心，成佛之心有三个方面，一个是自觉，一个是尽量去帮助更多人走向觉悟，把这两方面做到极致，就是佛。

自觉，就是修智慧；觉他，就是修福德。这就是福慧双修，福慧两方面都圆满了，就是佛，佛称为“两足尊”，成佛的这两个方面，缺一不可。自觉是大智慧，觉他是大慈悲，大智慧和大慈悲加起来，就是佛，佛就是大智大悲的人。

大家记住，如果只有智慧没有慈悲，这是半边佛，这不够。自己哪怕境界很高，解脱了，什么事都不管，对这个社会一点热情都没有，对别人一点爱心都没有，这种佛不究竟。还有一种人，天天说我要去做功德，做好事，自己不修行，没有智慧，这种慈悲也要不得。这是“慈悲出祸害”，你想做好事，其实可能在做坏事，没有智慧引领的慈悲是不究竟的。

对于发菩提心的意义，佛教有一首偈子：

众生无边誓愿度，烦恼无尽誓愿断。
法门无量誓愿学，佛道无上誓愿成。

我们念诵这个发愿偈的时候，不是说有口无心地去念，而是要去体会它的意义。要从心里生起愿望，看到众生在苦海当中，虽然无量无边，但是我发誓要去帮助他们，不管能帮助多少，但是我要尽我的能力去帮助更多的众生。

烦恼也是无量无边，我们在生活当中体验到各种各样的挫折、迷惑，但是不管有多少烦恼，我一定要用智慧之剑斩断烦恼之丝，把它斩掉，一剑斩断，获得自在解脱。人生活在烦恼大海之中，有什么意义呢？破烦恼，一定要有智慧，因为烦恼的根本在无明，破无明就要靠觉悟自性。

在破烦恼、证自性的过程当中，有各种各样的法门，法门无量，但是只要是真正的好法门，我们都想去学习。学的法门越多，将来方便越多，帮助众生的能力越大。但愿是这么发，是扩大心量，但是修行的时候还是要有次第，不能一开始我就什么法门都去学，那就学乱了，还是要选一个方法去学，要一门深入。

“佛道无上誓愿成”，就是说一定要修成大智慧，修成福慧圆满，要有这样一个愿望。这里就有一个问题，好多人可能会有一种疑问，他会想：“我没有那么高的志向，我来这里就是想学一点方法，我身体有点毛病，修一修可能身体健康一点，让我生活更愉快一点，那个东西离我太遥远。”如果你是这样想的，说明你的见地不够，你对修行的认识不够。

在世俗的世界里，我们也常说，不想成为元帅的士兵，不是好士兵。同样，不想成佛的修行人不是好修行人，你不发大愿，根本就修不好。《论语》：“取乎其上，得乎其中；取乎其中，得乎其下；取乎其下，则无所得矣！”你有最高的理想，也许达不到，但是你可以得到中等的成果。你期待的是中等的成果，你可以得到下等的成果。如果一开始你发的愿是下等的，你只想解决某一个小问题，你这样修行，还能有什么大的进步呢？不可能有的。

最终能修到什么成果，这当然需要时间，需要你的努力，需要精进，需要耕耘，但是愿力要大，行动要踏实。实际做起来，还是要踏踏实实地去做，不能讲空话。空谈误国，但是理想要高，远大的理想和脚踏实地两者要结合起来，这是我们修行的道路。光有远大理想，那就空谈了；你只要脚踏实地，就耕这一亩三分地，其他的事情我不管，没有远大理想，你这个事情也做不好，气量太小了。修行的第一步，要扩大心胸，就让你的心胸无量无边，关怀整个世界。

我们讲皈依，最终还是要回归自性，修行最终还是要回到核心。所有的皈依、发愿，终后都要回到自性，不要把我和众生对立开来，变成一个二元对立。终极来讲，我和众生是一体的，不是说我去度一个外面的世界的众生，实际上就是度你自己——你自性中的众生，解脱你自性中的烦恼。而所有的法门也是自性本具，所谓的成佛也是无佛可成，悟到你自己的自性就是成佛，不是另外去成一个东西。所以发愿，我们回到自性来讲，就是归于自性发愿：

自性众生誓愿度，自性烦恼誓愿断。
自性法门誓愿学，自性佛道誓愿成。

我们上课前的礼仪部分主要是三个方面：礼敬、皈依和发愿。这在整个修行体系当中，具有奠基性的作用。我们要从哪里入门？先要对觉者有一种崇敬之心，要向他学习，要皈依他，向他学，然后发愿成为他那样的人。这个看起来好像是比较空洞的理论，但这是修行很重要的东西。为什么很多修行人修了半天，没有大的进展，没有大的进步？因为一开始方向就错误，档次就低了。很多学生跟我联系，就是问我有没有什么诀窍、奥秘，玄关一窍到底在哪里，怎么练。他们特别强调那种操作技术，注重具体的感受，什么打通任督二脉，练得红光满面，最后炼出问题了，很麻烦。我们整个观虚斋教学是一条通往灵性智慧的道路，这个技术是第二位的，第一位是我们的见地。见地不到，心胸不到，路子不对，功夫下得越大，将来也是问题越大。

我们要抓核心，直奔主题，直指核心，这是观虚斋教学课程的根本特色。

皈依也是要放低自己的姿态，摆正自己的位置。实际上，我们听课时也要摆正自己和老师的位置，要明白你在这里是来干什么的，要记得大家在这里是来学习的。以前的课大多数学生都表现很好，偶尔也会有个别人，他好像不是来学习的，他是来看看我讲课水平咋样，讲的好不好，然后对我评头论足一番，这是没有意义的。我不需要和任何人较量水平的高低，我也不想较量。如果你自认为水平比我高，就不要来这里；别的水平我不讲，但是修道智慧方面，既然来到这里，你就是学生。

为什么要强调这一点？就是说这种态度你才能够学到东西，没有这种恭敬或者臣服的心态，你是来挑毛病的心态，你就学不到东西，这对你是个损失。不是我喜好你尊敬我，两天之后课程结束，怎么样都可以，都无所谓。但是这两天，我希望大家用一种非常恭敬的心态来听课，把自己放在一个极低的位置，把老师放在比较高的位置。我不是佛，但这两天你把我看成佛都可以，我暂时假装一下，这样的话，我讲的一切都是佛对你的加持，你得到的加持最大，你的受益最大，这是你受益最大化的一个方式、一种观想的方式。

事实上我不需要你把我看成什么高人，你把我看成草木都没关系。但是在这两天，大家要把老师的位置尽量放高一点，把你的位置尽量放下一点，从上往下传，你才得到"灌顶"，才能得到智慧的加持。

佛教讲戒、定、慧三学，戒律很麻烦，很复杂，我们这里不去讲戒学的部分。观虚斋教学课程只有一个戒律，我们把它叫

作"24 小时法则"。这个法则具体内容是什么呢？第一，当你在内心深处从你的智慧发现一件事情，对你的人生非常有意义，很重要，那么你必须立即动手落实，不要等待。比如说，你发现修行对人生意义重大，但是你说你现在还是要赚钱，你现在还有什么事情，过两年你再来听老师的课，过两年你再来学习。两年之后一切皆有可能，机缘一错过，可能永不再来，所以好的事情要抓住机会，赶紧去做。第二，有时候我们也想犯错误，我们看到一个事情很有诱惑，我们想做，但是我们内心知道这事是不该做的，这个戒律不要求你一定不做，但要求一定要把不该做的事情往后延迟 24 小时再决定。你想要犯错误的时候，你脑海里要想起，这是戈老师给我的戒律，我要坚持这个戒律，我要等 24 小时再定。人生中有各种各样的诱惑，你总是要去面对，有时候你心里也知道有些事不该做，但是你可能控制不住，这个时候你就守一个戒，要设法坚持 24 小时。

人生中应该戒掉的那些坏的东西，你把它延后 24 小时，而人生当中那些非常重要的事情，你觉得非常有意义的事情，你要立即动手去落实。如果大家能遵守这个戒律，你的人生就会发生一些质的变化，就会"转向"。大多数人刚好相反，总是把好事情往后延迟一下，坏事情先干了再说，这样的话你的人生就会越来越堕落。如果你坚持这个戒律，你的人生会越来越上升，因为你做好事的可能性越来越多，做坏事的可能性会越来越少。24 小时以后你就不想做了，很多坏事就是当下那一刻控制不住自己，所以你内心里面发这样一个愿，不好的事情 24 小时内坚决不做。

大家经常也看到这样的报道，很多人与人之间的争执就是一件小事情，当时怒火一来，可能就要做出伤害别人的事情了。你说他真的想伤害别人吗？事情一过，他肯定不想伤害别人，但是那个时候怒火一来，他不知道怎么样，刀子就捅出去了。这种事情经常发生，很多悲剧就这么发生了。所以在这样的关头，一定要像悬起来一把剑一样，想起这样一个戒律，一定要稳住 24 小时，不管你有天大的愤怒，你想杀人，但是你要坚持住 24 小时再说。这是举个极端的例子，未必是想杀人，但是有很多类似这样的会带来伤害的事情，你想去做，但是内心其实知道是不该做的事情，这种情形下一定要把它延后 24 小时。

3. 理论和实践的统一

观虚斋教学的课程体系，是一套从初级到中级、到高级的系列课程，这套课程有什么样的特质与目标？大致来讲它就是儒释道传统文化核心智慧的一种现代表达、现代诠释。真理是亘古如一的，没有人说要去不断地创新真理，只是不断地去发现真理；但是对于真理的表达和诠释，则是与时俱进的。

我们今天的人有今天的一种理解程度、知识程度，跟古代的人是有区别的；现在大多数人要再去看佛经、道经，基本上是看不懂的。观虚斋教学并不是又发现了一个新的真理，而是对永恒真理的一种现代诠释，是结合现代哲学、宗教学、心理学等各门学科的语言，来把这种宗教实相的核心智慧阐释给大家。观虚斋教学继承和发扬了传统的儒释道诸家的智慧传统，融会了时代新知，是适应现代社会需要的灵性教学体系。

我们教学的目标或者特色是什么呢？最主要的一个特色就是理论和实践的统一，这是我们“观虚宗风”里面最核心的一条。我在外面“吹牛”的时候就说，你们修行的人可能有很多人修行水平比我高，但是理论水平肯定不如我；你们学者里面肯定有很多人搞学问比我好，可能学术成果比我多，但是你们在修行实践方面肯定不如我。两者加起来，我是第一，光是一方面我不敢说第一，也许某个人体验很深或者禅定功夫很高，天天打坐，我这个“俗人”在社会上还是有很多事情要做的，可能禅定功夫还不如你。但是两方面综合起来讲，观虚斋教学是有足够的自信的。到目前为止我们没有发现，这两个方面全面超越我们的。出家人当中可能有修行水平很高的，有些专门闭关的人，修行体验可能比较深，但是他要能讲清楚是很难的，他没有足够的理论水平。

有一次一个朋友到我家里来，我们就谈到修行的乱象。他就说：“戈老师，你这个水平别人没法比，你知道那些出家人，很多都是高中还没毕业的，他们考不上大学，最后出了家，他没法跟你这个教授比。”当然，他这么说也比较极端，出家人中有高僧，那是了不起的。但有的人以为出家人就高高在上，以为在家人就一定不如出家人有修行，这也是一个极端。

我说这个意思不是来吹牛，而是讲观虚斋教学一个最大的特色，它确实是理论与实践两手抓，两手都要硬。

我是一直在从事这方面的理论探索，不光是儒释道，实际上对中西方以及现代各家修行的传统，包括什么奥修、葛吉夫、美赫巴巴、克里稀那穆提……近现代的灵修大师，可以说我都非常了解。新旧融合，各种宗教的融合，在融会贯通之后一个新的呈现，这是我们教学的一大特色。在实践方面，我从上大学起就开始修炼，不管怎么说，也有三十多年的修炼经验了。

所以我们的教学，既不是纯粹的理论性的教学，也不是纯粹的体验性的工作坊。既不是传统的那种打七，就让他死坐，基本上不说话，让你们闷着头坐；也不是像一般的大学讲课一样，只要讲理论。我们这里讲完理论课，马上就让大家实修体验。我们的课程是理论和实践两者完美结合，这是我们最大的特色。

“禅修：灵性的奥秘”这门课是观虚斋教学的一门基础性的普及课程，它也完整地贯穿了观虚斋教学定慧兼美、解行并重、性命双修、佛道融通的基本宗风。

上面讲观虚斋教学的基本宗风用了四个词：定慧兼美，解行并重，这两个是一组；性命双修，佛道融通，这两个是一组。佛教，偏于性功，性功比较厉害；道教偏于命功，以命功为强项。我们的教学是理论与实践的统一，性命双修，佛道融通。

希望通过这两天的学习，让每一位学员能够在理论上对禅修的基本理论和方法有一个系统的了解，树立修道的正见；在实修上找到一个入门的方法，掌握一点修行的诀窍，自己有一个核心的法门，回去可以着手实践。不要永远只是看书，耍嘴皮子，还是要回到实践当中来。

这两天的课程，大家记住我们的目标。一是在理论上对修行的地图有一个清晰的了解，知道我们是在干什么，是在登一座什么样的山，大致的方向、路径在哪里，不会走冤枉路，不会走瞎路。二是要找到登山的方法，要找到一根拐杖，一步一步往上登。我不是一个地图学家，光研究地图，搞得很清楚，哪个点往哪拐，都很清楚，但是你永远不去登山，那个地图是没有意义的。

要有修道的正见，掌握修行的地图，让我们的人生有正确的航向，我们人生之船在整个人生大海当中，能够清晰地沿着一个方向前进，达到光辉的彼岸。同时要有实修的核心法门，让我们的人生有一个可靠的拄杖。要找到一个依靠，没有方法是不行的，找到一个方法，你可以一以贯之，每天坚持练，可以专修，也可以在生活当中修。

实际上这两者也就是人生中最重要的两个东西。第一个是见地，知道人生的意义、方向。我们一生要干什么，我们为什么会来到这里，人生的意义何在，怎么修，修到哪里去，找到这样一个东西。第二是方法，找到一个自己相应的法门。这两天我们有四堂实修课，会分别讲到四种不同的方法，你可以选择一种自己相适应的方法，以后坚持下去。

回去以后这四种方法你就不一定要同时练了，你可以选一种练，练的你觉得不合适时，你可以换一种，但最终你要确定一种自己最相应的法门。

祝福大家！这两天我们开始了一次灵性奥秘的探险之旅，我们一起来探索生命的奥秘、宇宙的奥秘；同时这也是一次心灵实相的开启之旅，我们要开启一种新的思想维度，一种新的人生探寻的方式，一种生命的新境界。让我们相约，这两天一起漫步于菩提之旅，就像登一座觉悟的高山，享受沿途的风光，体会法味之清凉。

4. 进入存在性的体验

用你的头脑、理性来领会我的语言，因为我是通过语言来传达的，你首先要领会我的语言；但是要用你的存在来共享我的宁静和喜悦，进入这种存在的空间，和我一起来体会那种无差别相的宇宙存在。通过我的语言，你能够接受我要传达给你的洞见或者见地；通过我的宁静和存在来分享我的体验与智慧，让大家能够进入一种对生命自性的觉知与觉悟。一方面你要听课，要在思想的层面上有一个洞见，要知道修行是怎么回事；另一方面，在实践上，这两天的听课你要进入一种状态，一边听一边要回到这种宁静的当下，忘掉过去，忘掉未来。

既然理论与实践要统一，我们就要开始第一次实修体验了。

第一步调身，调整你身体的姿势。两眼微闭，看着鼻子前方的空间，二目垂帘，观自在，观自己鼻端的空白处，若有若无。眼睛完全闭着，容易昏沉，容易睡觉；太睁开了，容易散乱，就是若有若无的，轻轻松松的，感觉那种二目垂帘的感觉。

回想一下我们发的愿，我们静坐的目的是什么？我们是为了成为一个觉悟的人，是为了悟道，不是为了一个简单的体验，或者简单的身体锻炼，是要领悟实相，领悟自性。首先要发愿，发完愿，中间是练功，练完功有一个回向，发愿、练功、回向，这是练功的三部曲。我们修行所得的一切功德，要回向给广大无边的众生。回向是为了破我执，练功不是为了自己的小我在练，还是要回归大我，回归宇宙。

发完愿，大家就开始正式进入静坐了，下面我给大家讲这一堂静坐课的方法。

我们用的是最通行的也是被普遍使用的一种方法，就是“心息合一”，也叫“观呼吸”。二目垂帘，看着鼻端，感觉到鼻子前面呼吸的进出，观照自己的呼吸。你的呼吸是一直都存在，但是大多数时候我们没有注意到自己的呼吸。现在我们把注意力集中到自己的呼吸上来，但是不是去控制你的呼吸，我们不是练气功，一定要呼多长呼多短，不要管它长短，完全是自然呼吸，但是你要观察到、注意到自己的呼吸。气进来知道进来了，气停了知道停了，气出去知道出去了，气长知道它长，气短知道它短。不加控制，只是观照。在你静坐的过程当中，思绪不断地飘走了，飞到别的地方去了，这时你要马上记得回到呼吸上来。心猿意马，呼吸就是栓子，把你的心拴住，拴回来。

要注意，当你在练这个功的时候，其他的一切放下，一切忘掉，只管呼吸，不管别的。如果你发现自己昏昏欲睡，在打瞌睡，就尽量把眼睛睁开些；发现自己杂念太多了，就可以把眼睛开小些，将注意力回到这个呼吸上来。不要去跟你的杂念做斗争，不要想为什么有这么多杂念，我怎么样才能去掉这些杂念，这些都是新的杂念。杂念来了，不要管它，念头来了，它又走了，来来去去，念头本不停留，抓不住它，不需要你去控制它，你只需要记得观呼吸就行。当你一观呼吸，念头自己就走了，你不要想我什么时候能入定，什么都不要想，只管观呼吸。一念万年，就这一个念，观呼吸。

在大家静坐的过程当中，我可能偶尔把这个板子拍一下，这个时候大家可能会突然进入一个状态，非常空灵的状态，念头一下子没了，大家就记住这个状态，不要吓着啊，不要大惊小怪，不要想这是怎么回事。这是让你回到当下的一个方式，这也是我上课的一种方便。

大家开始好好修一场。你能获得多大的成就、多大的收获，都是靠你自己的。我只是引导，不要什么都靠我，这个功夫要靠自己做。珍惜机会，好好修，好好练。只管打坐，别管别人，也别管我。

静坐中……

有腿特别受不了的，可以活动一下腿，但是心不动，这个功夫不断。这个腿实在受不了，把腿活动一下，换个位置，但这个心一直在观呼吸上面，始终训练你的注意力。有杂念是难免的，但是杂念起来以后，要马上记得回来。让杂念自己消失，不去追它，不去跟它做斗争，只是回到呼吸上来。慢慢地你的心就跟呼吸合一，这叫心息合一。整个心慢慢地完全静下来，完全静下来之后，你的灵觉，你的灵明觉性才会慢慢地呈现出来。

因为这是大家第一次静坐，好多人坚持不下去了，我就稍微提前结束。不要马上就结束，要有一个收功的过程。开始收功，先从意念上，从练功的状态当中出来，提醒自己要收功了，然后把自己的心回到当下的环境中来。先有意识地提醒自己要出来了，然后再按照我们教的收功方法，完整地做一遍。

课间开始行禅，以行禅代替课间休息。

行禅时大家前后保持步调一致，不要特别快，也不要特别慢。走的时候，一步一个脚印，全心全意地走路。谁在走路？要觉知走路的主人公。注意跟平时走路不一样的地方，平时走路你可以一边走路一边在想别的东西，心不在脚步上，心不在当下。平常走路，我们是思绪纷飞的，但是现在我们把走路变成一种修行，你的每一步都在你的觉知当中，你清楚地注意到、意识到你在走路，你知道你的脚抬起来了，你知道你的脚放下了。你一觉知，脚步自动就慢下来了，但是你也可以有意识地让它稍微快一点，在觉知当中稍微快一点。这快，也是可以觉知的，不是一定要慢。因为我们还要借这个行禅，活动一下身体；除了修行之外，行禅也是静坐之后的一个休整。

我们修行，行住坐卧的这四个姿势要配合起来。所以我们有静坐，也有站桩，也有行禅，也会讲到睡眠时怎么修，行住坐卧都要在修行当中。

以后把行禅的习惯，带到你生活里的散步当中去，把你的散步变成行禅。每天散步一个小时，就练一个小时的行功，然后再打坐一个小时，再站桩一个小时，这三个小时就够了。

行禅中……

啪！就在这一瞬间、这一刹那，体验那种全然停止的状态，身体停止，思想停止，体会完全停留在当下的感觉。有的人会体验到一种空空洞洞、非常灵明自在的感觉，什么也没有了。前后际断，过去未来都没有了。

我们行禅就到这里，回到座位上继续上课。刚才静坐的时候，是要求大家要严格地按照静坐的要求，去修、去实践。有一部分同学，还是有点太随便，把修行没当一回事儿。静坐的时候，一定要专心致志，哪怕你腿酸了、疼了、麻了，你可以活动一下腿，但是心不放松，练什么功法，就一心一意地练，这样你才会有效果。现在我们继续讲课的时候，不是专修的时间，大家就可以自由一点，姿势也不需要那么端正，可以放松些。但是心还是要尽量地静下来，要全心全意地听课，不要只听一会儿就想到别的事情，这样的话会影响你听课的效果。

一、我是谁？追问灵性的奥秘

在导论之后，我们进入本课程的主题。

第一个主题是——“我是谁？追问灵性的奥秘”。这是我们教学的风格，直奔主题，先把最根本的问题提出来。既然我们要探寻灵性的奥秘，就要抓住它的核心问题，核心问题是什么？核心的问题就是“我是谁”。大家都知道，在宗教或者在灵修的书里面，都经常会讲到“我是谁”这个问题，这个问题到底蕴含了什么样的旨趣，它又如何指向人生终极意义的追问？

1. 悟道之旅

为了说明这个问题，我先从自身的修道经历讲起。我讲自己修行的过程，不是为了炫耀自己，而是给大家提供一种参考、一种素材，这样你们可从中得到一些借鉴、一些启迪。

对很多人来讲，这个“我是谁”的问题还没有被唤醒，还没有发自内心地去追问这样一个问题，可能只是别人引导他去追问；而对我来说，我在上大学的时候就非常深切地经历了这样一个困惑和疑问。那个时候我就突然想起，我们这个肉身生命是非常有限的，人的一生非常短暂。短短的百年，在宇宙的长河当中，真的是渺如尘埃，一刹那都算不上，相对宇宙的无穷大就是一个无穷小，可以忽略不计。如果我们的生命仅仅是这样一个肉体生命的话，活着的意义何在？真的没什么意义。在宇宙的沧海之中，你当了总统，你成了亿万富翁……这些都不值一提，没有什么意义了，因为刹那之间就灰飞烟灭了，肉体的生命最终的归属都是一粒尘埃，化为尘土。

从这里我们就会去真正地追问生命是什么？人生到底有没有什么意义？如果我们的生命仅仅是这样一个肉身的话，我可以说意义不存在，哪怕你修行也没有意义，宗教信仰也都没有意义，因为一百年之后你什么也没有。如果人死之后真的什么都没有，人生什么意义都没有了，那活着干啥呢？吃喝玩乐，糊里糊涂一辈子过去了，有什么意义？所以我当时意识到人生这样一个困境，我被“抛入”这个世界，没有经过我允许，也不知道怎么回事，就来到了这个世界；然后经历过一段人生之后，就变为尘埃了。那时候我就想，我这样一个聪慧的生命，考上南大少年班，中学时考试老拿第一，拿第一有什么用？你最后还不是一样的，都归于泥土。那个时候我的心就进入了一种非常悲凉的境地。

这种悲凉，不是某种书籍或者某种理论能够释怀的，它是一种切身的困境，整个人卷入其中，活着真的觉得很困惑。别的人可能是因为现实生活中，有这样那样的问题而困惑，我恰恰是在人生中最顺畅的时候——因为作为一个农村的孩子，能考上大学，生活好像就没什么问题——在没有什么问题之中，出了一个形而上的问题、终极的问题：生命是什么？人生的意义何在？

大家可以跟着我一起来追问这样一个人生终极意义的问题，意识到人终有一死，这是进入宗教世界的一个根本的契机。大多数时候我们人都忘掉了，好像自己会永远活着，为了“一亩三分地”，为了一点东西，你就是放不下，要争个你死我活，就是想不开。如果我们意识到，人生在宇宙长河中，肉体生命就是短暂的一瞬，那么你的心胸就扩展了，很多事情就能放下，真的是不值一提。

在这样一种人生的困境之中，我们要寻找出路。之所以有这样一个困境，首先是我们把生命和肉体两者混为一谈。如果生命就是这个肉体的话，我刚才讲了，人生最终是没有意义的，但是真相如何呢？这就是我们要探寻的问题：生命到底是什么？除了肉身，生命还有什么？也可以说这两天的课，我们就是来解决这个问题，从不同的角度来讲清楚，包括实践的方法，怎么样去追问生命的实相。

我当时在这样一种困境当中，也确实感觉到人生没有出路。我即使考第一，将来当教授，或当什么大人物，这些都没有意义。我甚至去找心理系的老师，咨询心理老师，跟他咨询了半天，最后这个老师说，很麻烦，你这个问题，我没办法解决。他不但解决不了我的问题，他自己也快被我给带进去了，他也觉得很悲哀。他说："我还有老婆，有孩子，我不能跟你这样一起胡思乱想下去。"

所以这个问题，它已经不是心理学层次的问题，没有心理学家能解决这个问题；这个问题就是属于宗教性的问题，是释迦摩尼佛、老子这些人要解决的问题。你找任何一个心理学家，他自己也搞不清楚，他自己也烦着呢！你让他帮你解决这个"心理问题"，很麻烦，他解决不了，因为本质上就不是一般的"心理问题"。

这个问题怎么解决？要么就找一个觉者或者一个大师来解决，我当时也没有机缘，没有见过什么大师；我就自己乱摸，到图书馆里看看书，自己寻找答案。

那段时间我在南京大学体育选修了一门课，就是"太极拳"，当时对太极拳也不懂，只是练练太极，就是练着玩儿。在图书馆我也看看太极拳方面的杂志、书籍，然后就知道这个“气”的概念，打太极拳不光是一个形体的运动，还要配合里面的气的运动。从“气”再往上走，就是“意念”。同样一个动作，它不光是一个动作，它是有意识的，用意念带动“气”和“形”。形、气，还有心，这三个方面都要结合起来。

大家可以把手伸出来，跟我一起做个实验。首先我们心不在手上，在想别的地方，你手这么运动一下，感觉一下，这样绕一圈。然后你非常有意识地，缓慢地移动你的手，这个意念就在手上，这样缓慢地运动。有感觉到气没有？我想大多数人都能感觉到。所以太极拳是一个跟内在生命的奥秘有关系的一种运动形式，它不光是一般的体育运动。我学太极拳方面的知识之后，我就知道要炼气，不光是要炼形。我就想在打太极之前，我先站桩，站桩先培养一下气感。

我当时站桩的目的是为了打太极拳有气感，一开始站桩的机缘是这样的。于是，练太极拳之前我就开始站桩，本来我想站十分钟后开始打拳，但站桩的时候，慢慢就忘记了时间。我开始体会老子的一些话，那时候我在图书馆里面看老子、庄子，在思想上探索，也找到了某种答案。我静心的时候，就静静地站着，体会老子的话语，脑海里默诵一些老子的经文，就这样这些经文有一种神奇的力量，引导我进入了很深的一种宁静的状态，“致虚极，守静笃”，我完全无为，慢慢地心就静下来，融进了整个的宇宙。这个肉体相当于一滴水，这滴水掉到宇宙的大海里面去，宇宙的大海我们就可以把它叫作“道”，这一滴水掉进道之海洋之后，你就是整个的海洋，而不再是一滴水了。

注意！我这里表述的不是一种抽象的哲学概念，而是一种存在性的体验。因为我要用语言告诉你这个体验是什么，所以就要用到一些概念。我们这个肉身、有形的身体是非常有限的，就像是一滴水、一个波浪，但是当你完全静下来以后，没有念头、没有思想、没有分别的时候，你就是一种整体性的存在。大家体会一下，你进入存在之海、存在的海洋，完全地遗忘或者说超越这种肉身的有限性，小小的肉身生命一下子就扩展了，无限地开放，无边无际。你体会到了一种存在，这种存在空间上没有限制，无边无际；时间上也没有限制，无始无终。换言之，就是没有时间相，也没有空间相。没有时间相，就是没有时间的分别，没有过去，没有现在，没有未来；没有空间相，就是没有这里，没有那里，没有远近，没有大小。注意，这是对道的描述了，你可以从这里去体会道的境界。

当我进入这种存在之后，什么都没有了，最后剩下的东西是什么呢？就是一个灵明觉性。你感觉到什么都没有，空了，但是空了之后，有一个觉性，那个灵知觉性是在的，跟完全睡着了是不一样的。睡着了，你肯定什么也不知道，是糊里糊涂的；而在那个状态里面，是什么分别都没有，但是又什么都知道。什么都知道但是什么都不去分别，用佛学的话来讲，就是“般若无知而无不知”。般若，就是最澄明的智慧，就是觉性的智慧。

般若智慧是什么呢？无知，就是不去关注任何的对象，没有任何的分别，但是无不知，就是一切都了了分明，外面有什么声音或者有什么动静，你都很清楚。也就是说，你这个觉性跟宇宙无限的海洋连为一片，宇宙海洋里面的任何一个涟漪，你都能感知到，但是你没有去关注它，没有去分别它。当你一分别的时候，你又回到了现实世界，又回到这个小我当中来了。很幸运地，在这种站桩的静心当中，我体验到一种更加广阔的生命，这不是局限于有形肉体的生命。

这种体验，让我的生命焕然一新。我本来只想站十分钟，结果一站可能一个多小时了，当我从里面出来的时候，全身充满了洋溢的能量、喜悦和智慧，整个天地都变了，看一切都觉得那么的美妙，那么的有意思，再看我当时的悲凉、困惑，一扫而空了，没有了。我意识到人生中有这样一个精神的家园、这样一个境界，它为我的生命找到了一个终极的依据、终极的安顿。当我进入这样的存在状态之后，现实生活中也许还会有这样那样的问题，但是我已经不把它放在心上，因为我知道我有一个存在的家，那个天地一样广阔、海洋一般广阔的存在，是我生命的安顿。

那个时候我对生活的态度完全发生了变化。不管我现实生活中是否顺利，是否有所成就，对我来说意义不大了。我那个时候就想，只要每天给我一个小时站桩，就“一切 OK”了，什么问题都没有了。那个时候正年轻，也是我生命力最旺盛的时候，站完之后，全身都是能量，全身都是喜悦。现在，不需要去问人生的意义是什么，因为人生充满了意义。这种意义不是一种理论上的探索，不是一种思想，而是一种存在的体验；在这种体验当中，意义是不言自明的。

以前在济南的系列讲座中，我就讲过这段体道的经历，这次我就不再多讲了。为节约时间，我再简单地讲一下后来我的道路。自从在大学阶段有了这样的体验之后，我就跟修道结下了不解之缘，就再也没有停止过修道。无论在我的人生当中，出现什么样的风浪或者什么样的问题，我都有办法化解它。

一开始我的人生还是“两条腿”走路，我知道人生舞台的后面有一个精神的家，但是现实生活当中我还是有我的路要走。因为我大学本科学的是物理，大学毕业，我回到我的家乡，到抚州师范专科学校物理系任教。

一方面我是一个物理学的老师，另一方面我喜欢修行，喜欢传统文化。当时我的人生基本上是这两大版图，没有统一起来。那是在 1992 年，有一天我静坐之后，我突然就“开悟”了，是人生中的又一次“开悟”；这次“开悟”使我对我的人生方向，有了一个非常清晰的洞见。我知道我不需要这样两条腿走路，不需要一方面做物理学老师，混饭吃；另一方面又心不在焉，致力于修道。我可以把两者统一起来，所以我就决定考北大哲学系中国哲学专业的研究生，我要把我的修行、把我的兴趣变成我的工作，变职业为事业，从双轨到单轨，这样我找到了人生的发展方向。

此时我特别清晰，我知道我要做什么。也可以说，“我是谁”这个问题的两个层面，我都解决了。一个是终极的层面，是超越自我的体道之境；一个是现实生活的层面，你要找到你在现实生活中的身份、位置与道路。我那个时候，气魄很大，愿力也很大，所以考研究生根本不是问题，我没有一般人所担心的能不能考得上的问题，我只是想我要考哪个学校，考哪个专业。那个时候我就对我的人生方向有了清晰的洞见，规划了今后的人生道路：第一步拿到北大的博士学位；第二步可能在某个大学或研究所里面工作，研究儒释道；第三步，在时机契合的时候，我要出来，和更多的人分享我的人生领悟，传达我的教法，但不是传播宗教，而是传播智慧。

我一开始就不是走宗教之路，不是走宗教信仰之路；当然我不反对别人信宗教，但是我们的教学不是宗教，就只是追问生命的实相，找到人生的安顿。

2. 清醒的可能性

在追问灵性的奥秘“我是谁”的过程当中，我们先要看一看人目前的现状和问题在哪里？这是比较切实的一个追问方式。

现在要搞清楚，我们目前在什么状态，才会知道修行的意义和修行的重要性何在。每次讲课，我都强调要认清现状——不管你是从事修行，还是从事革命斗争、投资等，都要把目前的形势搞清楚，把敌情、状况搞清楚，你才能有效“作战”。敌情不明，就是混乱的，得到错误的消息、情报之后，你这个仗没法打。修行也是如此，如果对目前的现状认识不清楚，我们是没有办法去找准修行的道路的。

我们首先给大家一个结论。人的现状是什么？从他的精神状态来讲，人是不能做主的，随外在影响而机械反应的一种高等机器。当我这么一说的时候，很多人会马上起来反驳，人怎么变成机器了？人就是有意志的，这么高级的人给你说成机器了。当然我这样说肯定是有一个参照系，人的自主性当然是比动物要高一层，比植物更高，比机器当然高了无数倍；但是我们现在用机器这个比喻来说明人的一种机械反应的状态。大家要深刻认识到，我们人在没有修行之前，是没有真正的自觉性的，它本质上就是一种自动反应的机器。外在的环境怎么刺激你，你就会怎么反应；你永远是在一种模式当中去应对目前的困境。你认为你是在选择，其实你是被动的，你是在你的惯性、业力的支配之下去选择，你没有真正的选择权。

在任何一个领域都是这样，人为什么会失败？因为他没有自主权，他就跟着外在反应；跟着外在反应之后，就一定是被主宰的，你被外在的现象所迷惑，你看不清形势。所以，人在任何领域这个核心的素质是什么？就是你能不能自我做主，能否掌控选择权、决定权。

好比投资，当牛市来的时候，你就会追高，今天买明天就涨，多舒服。下跌的时候没人买，因为它可能会继续跌，这是一般人的心理。那么要赚钱怎么办？反其道而行之。为什么做不到？因为我们不能接受眼前的亏损。所以，牛市人的贪婪之心克服不了，熊市人的恐惧之心克服不了，我们永远是跟着市场情绪走，追涨杀跌，这个就是被宰的命运，智者则反其道而行之。

我们说人是随着外在影响而机械反应的机器，这是总的来讲，具体是怎么表现的呢？我们借用葛吉夫用的一个概念——“群我”或者“诸我”——来加以说明。葛吉夫经常讲，你们每个人都没有一个“我”，而是有一大群的“我”，有成百上千的“我”在活动。我当时一看到这句话，就非常震撼。这个道理我

早就知道，但是他这种表达方式，特别有意义。大家想想，我们在生活当中每天都在变化，每时都在变化，前一个思想、前一个念头跟后一个思想、后一个念头都在打架，我们根本就没有一以贯之的一个中心，没有一个真正的我在主宰自己，在做决定。不同的环境、不同的刺激产生不同的我，所以成百上千的我在活动，在表演，而其中没有核心，没有一以贯之的线索，没有中心，也就是说我们人的生活是混乱的状态，是没有“主人”的状态。

生命当中出现各种各样的问题，本质上都是因为我们不能够做主。我们随着环境而起舞，包括我们的快乐和忧伤都不是自己做出来的，你不是说想快乐就能快乐，别人的一句话、一个刺激就可以让你大哭一场，或者人家给你一个什么消息，你就会很快乐。快乐和悲伤的权利操纵在别人的手里！

我们特别在乎别人对我的评价，别人如果说我一句坏话，我心里老不痛快，整整三天都不痛快。你一直在愤愤不平：“我怎么会是你说的那种人，你怎么可以这样说我？我这么有智慧的人，你非要说我不行，气死我了！”我们特别在乎这些东西。你把自己的快乐和悲伤的权利交给了别人的评判，你怎么会有幸福可言？而且世界上有这么多人，每个人对你的定义、看法都不一样，每天跟着别人走的话，你不就心乱如麻了？今天他能说你的好话，明天他也能说你的坏话，于是你就一会儿快乐，一会儿悲伤。

我们修行要找到那种恒久的宁静，那种不受打扰的宁静，不受干扰的喜悦，这是我们修行的一个重要的目标，就是回归自性的快乐，这是真正的法喜禅悦。回到自性的家园，显现出那种不依赖于任何条件的喜悦；这种不依赖任何外在环境的喜悦，是自得的快乐，是自得其乐。我们做学问不是为了别人评价说我这个学问做得好，中国先哲都强调这种自得之乐，就是游戏于一种学问之中，找到一种自我游戏的快乐，不需要别人怎么说，别人的评判一点关系都没有。当然，在游戏之中回归于道，才是真正的大喜乐。

如果仔细追问，我们为什么会这样不能做主？这里面还有很多道理，其中一个主要的原因就是我们是在“业力”的支配当中。业力就是一种习惯性的力量，我们摆脱不了过去，我们总是被过去所影响。我们的判断，为什么总是错误？因为我们老是从过去来看现在，老觉得以前怎么样，现在还会怎么样，但是事情往往出人意料。所以打破不了这种思维惯性，你就无法主宰它，你就被别人主宰。永远不要保持一种成见，就是要破我执、破法执，破执才能“消业”，这是一个关键的道理。

人不能做主，人有分散的、分裂的无数个我在活动，在生命的舞台上是一大堆演员在演戏，而没有找到真正的主人。打个比方来说，就像一家公司，公司的董事长一直不知道是谁，那么公司的员工就轮流上台，说自己是这个公司的代表、法人代表，来布置一个任务，叫大家要怎么干。他讲完以后，他下台了，他不管了，另外一个员工又上台，也说他是董事长，他也布置一个任务要大家来完成，这样整个公司没有真正的负责人，不就乱套了。

我们生活当中没有一个计划能够彻底得到贯彻执行。今天一个想法，明天一个想法；早上起来有个想法，中午又变了。自己跟自己做斗争，自己跟自己相矛盾，一个思想贯彻不下去。

我们要从这种混乱的状态当中跳出来，获得一种觉性，一种自觉性，能够真正地自觉，做自己的主人，这是我们修行的一个核心的问题。换句话说，就是要从这种昏昏欲睡的状态当中清醒过来，你是清醒的，你是不被业力所支配的。全部修行的道路就是走向清醒，但是放眼一望，我们周围的人都在昏睡。

我们自己也在昏睡，一群昏睡的人就像一群在监狱里面的囚徒，你怎么才能够“越狱”呢？因为大家都是在监牢里面，两个在监牢里面的人，如果没有高手的帮助，就没有越狱的办法。我们要找什么样的高手帮忙？你要找一个曾经是囚徒，后来他自己成功越狱的人，给我们提供一点儿经验，要跟着他走。

在整个走向清醒的道路上，我们有两个要点：第一个是要找到一个先行者，就是他成功越狱了，他是清醒的人，来帮助我，来指点我，来敲打我，让我从昏睡的状态中醒来。第二个跟第一个要点是相关的，我们要接触这种能够帮助我们越狱、帮助我们清醒的灵性的信息、知识。如果在我们的一生当中，没有机缘同这种奥秘的知识相连接，没有接触到这样的教法，我们都不知道自己是昏睡的，我们也根本就没有越狱的冲动，要走向清醒又从何谈起。我们还自以为自己是有主人的，我们不知道自己是昏睡的，那这个人就只是浑浑噩噩的一生，不可能解脱。

认识到我们的问题所在，才可能解决问题；发现自己在昏睡之中，才可能走向清醒。而这些一开始需要一个外缘的助力，一个老师的点化，或者接触这方面的教导，它触动你了。就像昨天晚上，我们一些学员谈到他怎么会来到这个课堂，有各种各样的原因：接触到《灵性的奥秘：修道的基本理论与方法》这本书；听到某个讲座；查什么资料，然后查到这边来了……有这方面的信息联结，你才有希望。很多人根本就一直在昏睡当中，从来没有意识到自己在昏睡，那他们就永远没有醒来的希望。

3. 我是谁

下面我们回到“我是谁”这个主题。“我是谁”这个追问要解决的是什么？解决的就是群我的一个中心是什么？就是超越这种群我状态的真正的主人是谁？因为群我是每天都在变化，每时都在变化的，这些变化之我不能代表我真正的生命。我的生命有没有一个不依赖于外在，不随外在环境而变化的一个中心点，有没有这样一个东西？只有找到这样一个中心，才能够突破这种群我的昏睡状态，让生命澄明起来。所以追问我是谁，就是寻找自己真正的存在状态，这种存在不随着外境而变化，不管群我怎么变化，他永远是在后面隐藏着的中心。

在我们这里，“我是谁”这个问题它不是一个哲学问题。你要是找一套哲学体系，搞一个思想答案，写一本书来解决它，一点用都没有。什么康德、黑格尔，任何一个哲学家写十本书都没有用，他照样昏睡，写完了就昏睡，写的时候也是昏睡的。虽然我是学哲学的，是哲学博士，但从终极来讲哲学是不够的。哲学是思维的、理性的游戏，建构一套思想系统，但是解决不了这个问题。弗洛伊德也解决不了这个问题，他是属于心理学的层面，

他本身也是有问题的。他研究的就是有问题的心理状态，然后对这个有问题的心理状态，进行到理论建构；他最多能够帮助心理有问题的人，变成一个普通的人。普通人也是有问题的，只不过精神病人的问题比普通人更强一点，他是在这个层次上解决那些心理有疾病的人的问题。而我们普通人，每个人都是有问题的，都是昏睡的；在这些普遍都是昏睡的人当中，还有问题更严重的心理病人。这就是心理学要解决的问题：怎么样把有心理疾病的人变成一个普通的正常人。而我们的教学是要把普通所谓的正常人，即那些本身都有问题的正常人，变成一个真正没有问题的人，一个真正没有问题的人就是佛。所以“人成即佛成”，成为这样一个人，就是找到真正的存在中心，觉悟了自性的人，这样的人也就是“觉者”，觉者即佛。

这是我们把追问“我是谁”的方向给你明确一下，但是明确这个方向也还是一种道理，现在我们要去真正地追问它。也就是说，我们现在解决这个问题的方式，不是哲学式的，也不是心理学式的，而是一种修道式的，是禅宗式的追问，也就是说你要向内反观内照，真正地生起这样一个疑问、疑情——我是谁呢？

大家跟着我一起去追问，我是谁？我到底是谁？我肯定不是肉体，这个肉体是我的一部分，但是我不是这样一个肉体。我也不是我的群我，那个心理状态每天都在变化，真正的我超越了这种心理状态，超越了思维状态。再往上追，我到底是什么？答案不是我来给你，而是你去呈现，你去进入这个状态。大家可以把它作为一种练功的方式去追问，去参悟这个问题。当你一问“我是谁”的时候，心就有一种转变。平常我们的心是向外看的，向外抓的，对不对？关注这个，关注那个，当你一问“我是谁”，啪！马上扭转局面了，心开始往内回观。自己问自己，我是谁？你这样一问，心即往内看向自身，念头一下就停下来了，心就定下来了。然后起了念头，你再问我是谁，念头又没了。最后，你会进入我一开始讲的那种无限广阔、了无边际、没有时间、没有空间、没有思想的存在状态，去找那个东西，但实际上你又找不到，那是不可名状的，是寂静之后的洞然明白。

大家自己回去后继续参，经常地往回追问一下“我是谁”，这是一个根本的大法。

4. 禅宗心法的体证

“我是谁”的追问，是一种实际的用功方法，不是靠语言能说清楚的。我在这里只是用语言的方式给大家引导一下，让大家在思维的层面上明确这个问题的导向，它是一种什么样的性质的问题。

我是谁？这个问题的真正的解决方式，不是哲学式的，不是心理学式的，当然更不是什么社会学等其他学科；这个问题就其真正的高度而言，它是一个宗教式的追问。

但宗教里面也有很多层面，有很多属于仪式的层面甚至宗教迷信的层面，所以更彻底地说，解决这个问题的方式是一种禅宗的方式。禅宗的方式不是禅学的方式，不是研究禅学就能解决这个问题，禅宗的方式就是参禅的方式。

参禅，就是有一个导师，有一个开悟的大师，来指导你去参悟，等到有一天你进入这种状态了，他给你印证一下，就是那个，这是禅宗的方式。禅宗的方式，也可以说是“明心见性”的方式，是顿悟成佛。我们这门课程，我以前也讲过，虽然有次第，有初级、中级与高级课程，但是在次第当中又没有次第，在这门最基础的课程当中，我们就讲到了最彻底、最高的东西，你明白了，可能后面就都解决了。有高低又没有高低，就是圆融无碍，这些问题都是究竟的问题、彻底的问题。

我们现在用禅宗的语言来讲一下“我是谁”的问题。

禅宗，大家注意它跟其他宗派的不同在哪里？禅宗一开始它就在追问，我是谁？释迦牟尼佛觉悟，悟的是什么？他当时悟的是什么样的状态？开悟的状态、明心见性的状态是什么？这是禅宗直指人心、见性成佛的风格。

隋唐以来，佛学非常发达，那个时候开宗立派的大师很多，各个宗派的佛学研究都很深；但是研究多了以后，佛法就慢慢变成了一种学问，这个学问是做不完的。经典浩如烟海，你研究它，研究多了以后，除了学问之外就没事了，你不知道学佛到底要干什么，反正就变成做学问去了。

这个时候禅宗就提出来，要追问佛陀的本怀，就是佛陀的觉悟到底是什么？禅宗的目标是直指心性，直奔主题，就解决这个根本问题，把枝节的问题放下，所以提出了明心见性这样一个宗旨。

有的人说是“明心现性”，这个“见”是“现”的意思，不能解释为“见”。其实都可以，因为这个“见”，不是眼睛向外看的“见”，是有内在的光明、内在的澄明之“见”，是内在的智慧之眼的一种觉知，也就是让那个“觉性”显现出来，让你的“自性”显现出来。

明心见性，我用八个字诠释一下，就是“明心非有，见性本空”。

什么是明心？明心，这个心就是我们日常生活当中的思维心，要明白这个思维心的本质，它是性空的，所以是“明心非有”，就是知道这个心不是真实的，不是有一个实实在在的固定不变的心。它就像水中月、镜中花，找不出它的根基，我们的每一个思想、每一个念头都是当生即灭，它一起来就没有了。就像在水中起一个泡泡，马上就没有了；在空中写一个字，马上就消了。明白念头是找不到的，是非实有的，这是很重要的一关。

我们很多修行人天天跟念头作对，想着怎么把这个念头消灭掉。错了，你要想消灭念头，这本身就是一个大杂念。你要发现念头是没有的，是不实在的，这也是静心的根本的方式。你仔细观察一下，你的念头在哪里呢？没有！包括我说的话，说完就没了。找不着了，在哪里？生起的同时就消失了。

明心非有，这是第一关，你要知道这个心没有了。

“见性本空”，就是觉知到你的自性，本来就是空性的，本来就是一体的无量无边的存在状态，它本来就在那里，不需要你去制造，也不会消失，只需要你去发现它。它是本具的，本来就是空的，不是说我们要把它弄空掉；这个念头，不是我们要把它干掉，它本来就没有，不是实在的。本性也不是说，我们要去把它创造出来，它本来就在那，唯一不同的就是“迷”和“悟”的问题。迷了，我们就不知道，就把这个心执着为固有的东西，去追逐自己的念头；悟了，就知道自性本空，自性常在，自性常明，了了常知。所有的思想念头本来就是空的，本来就是当生即灭，找不到的，而本具的灵明觉性一直就在。

禅宗里面有个公案，是初祖达摩大师和二祖慧可之间的一个悟道的公案。慧可佛学很通，但是没有悟道，就找到达摩去求法。中间经过很曲折的过程，我们就不详细讲，最后他们之间就有一个充满禅机的问答。达摩就问，你找我干啥？有啥事？你不是挺懂佛学的嘛。慧可就说，老师啊，“我心未宁，乞师与安”，我这个心还不得安宁，学了半天，我现在还没找到自己的心灵之家在哪里，师父帮我安安心吧！达摩把眼睛一瞪：“拿心来，吾与汝安。”达摩说，你不是要安心吗？好，你把心拿过来，我给你安。慧可当下回头，看看自己的心在哪里，想找出心来请师父安心。慧可对达摩说：“觅心了不可得”，我想找自己的心，却什么也找不到。达摩当机直指：“吾与汝安心竟”，我给你把心安好了！这下慧可大悟，明白了。这是什么道理？你们悟了没有？

“觅心了不可得”，这是关键，什么也没有。“吾与汝安心竟”，这是直指，告诉你这个就是了。什么念头都没有，分别心找不到了，但是你的灵明自性显现出来了，空空如也的觉性出来了，一念不生，觉性常在，就是这个，还要在哪里去找呢？告诉你，就是这个！所以慧可一听，当下就开悟了。

我们再借用永明延寿大禅师的话来解释一下。永明延寿禅师在《唯心诀》这篇文章里面讲到，“欲知妙理，唯在观心”。我们要领悟心性的玄妙之理，只有一个法门，就是观心，不是去学知识，不是去获得很多教条，不是去写专著，而是要内观自己的心，观心是智慧之源。我们的教学为什么叫观虚斋教学？我的法名为什么叫观虚？可以说“观”和“虚”是整个修行过程当中两个最重要的字了，所有的方法论、本体论都在“观虚”里面。

有人问我，观虚，能观是谁？所观何在？有观、有虚，不是有二了吗？我说你这是搞概念，你根本不懂；懂了以后，观即是虚，虚即是观，最后不是有两个东西。而相对来说，任何表述都是有限的陈述，你不能执着于语言文字。观是方法论，虚是本体论。你怎么虚？靠观；你观什么？观虚。一开始有观有虚，当你真正观入虚体，就能观所观，皆为一体，观、虚不二了。

永明大师在《宗镜录》里面讲：“但了妄念无生，即是真心不动，此不动之外，更无毫牦法可得。但能内观一念无生，则空华三界，如风卷烟，幻影六尘，犹汤沃雪。廓然无际，唯一真心矣。”这几句话也是直指人心，直接把这个心性的奥秘告诉我们。我们在观心的时候，如果能够彻底了知到、了悟到妄念无生这个道理，一切妄念、一切妄想本质上是空的，没有真正的实体。它没有真生起过，生起的当下就灭了。你们要是谁不同意，你把念头给我，我来给你消灭。谁有烦恼消灭不了的，告诉我，拿来给我看看。念头空不了的，你给我，我来帮你空。有没有？看，都没有了。念头空掉了，就解决问题了。我们从此天下太平，没有念头，没有烦恼，找不到！以前就被它骗了，还以为真有烦恼可得，现在一看，啥也没有，心里面空空如也，快乐得很，悠游自在。所以真正悟到了“妄念无生”，剩下的是什么？就是“真心不动”。一切妄念没有了，剩下的纯粹的觉性就出来了，这个不动觉性之外，你还想得什么呢？还要做功夫，要这个要那个，我告诉你没有用，只有不动自性才是我们修行的根本之理，永远要抓住根本。

有的人修行可能很有体验，有各种各样的体验，但是你没有抓到这个东西，最终都是一场空。今天舒服，明天就不舒服了；今天这个通了，明天就不通了。这些都是变化的，但是不动之心、不动之性才是我们修行的根本道场、根本目标，要找到这个。所以“不动之外，更无毫法可得”，不要去追那些玄妙，这个那个啊，最终没有什么太大意义，无法可得，当下即是。这个自性，不动的真心，就是我们修行的精神家园。

“但能内观一念无生”，你只要能够真正地往内观照，一念无生，一个念头都没有，“则空华三界”，欲界、色界、无色界这三界就像空中之花一样，不实在。“如风卷烟”，就像一阵大风吹过来，把这个烟就吹走了。“幻影六尘”，这个六尘啊，色声香味触法这六尘，像幻影一样。“犹汤沃雪”，就像是拿一锅热汤，去浇倒在一片雪上，这个雪一下子就化掉了，就没有了，整个六尘世界就空下来了，剩下的就是“廓然无际，唯一真心矣”。因为六尘没有了，三界没有了，都空掉了，剩下什么呢？剩下的就是唯一真心。

注意，这里不能落空，不能断空！不要以为我说什么也没有了，就是断灭空。什么都没有了，是指什么都不实在，无相可得，也等于说这些是幻化的存在，是缘起的存在，不是说真的什么都没有。破了这些有相之物，剩下的就是你的这种无相的真心、觉性，它是自在的，这个境界是存在的。根基比较高的，一听到这个课，马上就恍然大悟，从此不再“被天下老和尚们所瞒”了，真正知道修行怎么回事了。

5. 我即自性

下面我再用一个比较现代化的方式，用一种大家可以把握的方法，来解释一下这个“我是谁”的问题。

我们用一种语言分析的方式来讲我是谁的问题。对“我是谁”把这个句子来分析一下，那么对这个“谁”的回答就是个填空题，我们假设其答案为“我是X”，“是”的后面是一个“X”，无论是什么，我们用“X”来代表。我是谁？这个“X”可以有不同的答案，而不同层次的答案就代表了不同层次的“我”。

这个“X”是个代号，你可以对“X”进行填空。比如，“X”填成“肉体”，就成为“我是肉体”，那么这是对“我是谁”这个问题的第一层的解答，肉体是生命最外层的结构，这是从外层肉体来认识生命。

第二层，我是我的心智，我是我的思想、思维，这是另一个层次的回答。这是从人的思维层次对生命的认识，但我们前面已经讲过，思想念头是找不到的，是生起的当下就消失的，这并不是我们生命的真正的主体，只是一种分别的功能或作用。

继续对这个“X”进行填空，有的人会说“我是灵魂”，灵魂的概念本身就有不同的理解，到底这灵魂又是什么呢？一般讲的灵魂还是一种自我的概念，还是在我执的范围内，不是真正的纯粹主体，不是我们要找的答案。

也就是说，当我讲“我是什么”的时候，给这个“X”赋予任何一个答案，都不是“我是谁”的最终极的答案，明白没有？也就是说“我是谁”的答案不可能变成一个“宾语”，那个答案一旦变成宾语，就是“主体的客体化”，“我”就被对象化了，一回答就错了，“我是”的后面只要一填空就错了。

那怎么办？不能填空，就要往回走。把“我是谁”这三个字去掉一个字，去掉宾语，只剩下“我是”，这意味着“我存在”，但不是成为什么对象化的“存在者”，就只是存在。我不是任何特定的东西，不是任何特定的层次，只有“我是”。

进一步，“我是”这两个字，再去掉一个，最终就是一个字。如果把这个“我”字去掉，只剩下“是”，这个“是”代表的是“Being”，是超越“我相”的存在本身。或者也可以把“是”字去掉，只剩下“我”，这是“无待之我”，整个宇宙就是这个“我”，那么真正的“我”就出来了，这是纯粹的主体性，超越主客二元的整体之我。“我”即“是”，“是”即“我”，别再说“是谁”了，“是”后面都是多余的。啪！非二元，无对待，当下即是。

再进一步，你说“我”，或说“是”，还是没有超越概念，最终把这个“我”和“是”也去掉，啪！言语道断，心行处灭，不可言说的东西显现出来了。到这个时候，就开口不得，不立文字，只有静默证悟了。

所以，如果有禅师问“你是谁”？你刚想回答，禅师就敲棍子过来了。你还想要回答，你还在门外，门都没有！你不能够去想，你一想，就陷进分别心了，禅师又敲过来了！想也别想。这个时候怎么办呢？你真懂了，可以直接踹他一脚，禅师一笑：看来这小伙子是个作家。当然，你是真懂，还是假懂，禅师还得考验一下，你是逃不过禅师的慧眼的。

真正的我不可言说，无名无形，一说出来就错了。你说“我是什么、什么”，早已错了；即使你说“我是灵魂，是大我”，也不对，一变成概念，就有执着了，就不是纯粹的存在了。所以老子讲“道可道，非常道”，真正的智慧都是相通的，真明白的人都明白这个道理。语言总是有局限性的，任何表达都是一个相对的方式，但是我又用语言来表达了那个不可言说之境，这就是语言的妙处，真是“玄之又玄”。

在可言说和不可言说之间，要找到中道。如果说我今天一来，告诉你“我是谁”这个问题根本没法讲，啪一下，我走了。你们会说戈老师这个人有毛病，啥也不讲就走了。我不讲也不行，但是我如果一味地讲下去，讲了半天，用语言告诉你“我是谁”，给“X”填空，告诉你一个答案，你们当中有明白的人又会拍桌子：戈老师不行，根本就没悟，还在语言文字的层次里面转来转去呢！所以我讲了半天以后，我现在告诉你，啪！我什么也没说，别上我的当。

二、内在工作与外在工作：人格的成长与本质的成长

把心静下来。忘掉过去，忘掉未来，只管当下，安静地坐在这里。让你的心变成一个开放的状态，接受一切，不带任何成见。

我们又来到了这里，这就是一个特殊的场，它是一群探索生命奥秘的人在一起，来共同追问我是谁？前面我们已经把核心的问题提出来了，而且进行了一个引导。现在我们进入第二个主题："内在工作和外在工作——人格的成长与本质的成长"。

这是一个大的问题，这个问题的厘清，就让我们对整个人生有一个全盘的把握，对人生大方向的问题，有一个战略性的安排。

1. 人格与本质

什么是人格和本质？人格和本质，是借用心理学的概念，但是我们这里讲的维度或层次，是不同于心理学的；我们这里是讲灵性，讲宗教智慧，它是超越心理学的。因为心理学讲的很多道理，它都是从普通人这个角度来讲，而我们是要指向一个新的维度，就是要怎么样超越普通人的状态，进入灵性的深度。

这里讲的概念和心理学的讲法是不一样的。

人格是指什么？人格，就是一个人的自我形象，也可以说是自我面具。我们一般人的人生追寻和人生的发展，基本上都是在人格的层面上。大家可以认真反省、反思一下自己，你做各种事情的基本动机是什么？是为了"我"在社会中有一个很好的形象。很多人就说，我要出人头地，让我们老家那帮人瞧得起我；他们瞧不起我，我偏要干出点名堂来，让他们以后不敢小瞧我。你在单位要做出点名堂来，比你的同事更优秀，要得到领导的赏识，得到下属的拥护；你干任何一件事情，都想要提升自己在社会中的地位和名声……这些发展都属于人格的层面。

从自身来讲，人格就是自我塑造的一个自我形象，这种自我形象在外人的眼里就是你所显现的人格形象。当然，你想塑造的形象与外人对你的评判并非等同，这两者常常显示出矛盾，你认为自己是这样的人，别人却认为你是那样的人；你受制于他人的评判，于是常常造成你与他人之间的冲突。

我想塑造自己是一个教授、智者、大师……我们自己会给自己设想一种形象，但从他者来看，你也许是另外一番样子。在他人的眼中，你也有一个形象，这些都属于人格发展的层面。

我们要注意，从小到大，一进入社会以后，从幼儿园、小学开始，人格的问题就已经深深地在我们心里深处扎根了。你可以观察你的孩子，小孩子他就开始注意这个自我形象。有的人读书，其实他不怎么爱学习，但是他有时候要面子——隔壁小孩学得比较好，我就不服气，我要把他比下去——这就是人格的表现。凡是和人家比较、竞争的动机，都属于人格方面的发展。从小到大，我们的人格在不断地发展，通过我们自己的行为，通过自己的学习、修行、努力，不断地改变这种人格形象，试图获得他人的认可、社会的认可，不断地提升自己的社会地位，所有这一层面的发展我们把它叫人格的成长。

我先把人格与本质这两个层面讲清楚，然后再讲它们两者的关系。注意，我们现在是客观地讲它的范畴，不是预先判定说它一定是好，或者是坏，不是这个意思。后面我们再讲两个层面的发展对人生的意义，以及它们与修道之间的关系。

什么是本质的层面？我们每一个人，有一个不依赖于别人的评价，也不依赖于自我的判断的素质的层面，你达到一个什么样的认知的程度，你通过修行发展到一种什么样的状态，这是你生命的真正的本质的状态。不管别人怎么评价你，你的本质发展到一个什么样的水平，这是可以衡量的。这是普遍地讲本质的概念。

从修行的角度来讲，本质是什么？本质就是“Being”（真实的存在、真我、自性、本性），我们回归这个 Being 的程度，就可以衡量一个人的本质发展的程度。你对真我一无所知，那你的本质等于零——不管你赚多少钱，不管你是多大的官，不管你有多高的地位，那都属于人格的发展；你的本质等于零。有很多人是这样，也许他地位很高，很有钱，很富有，但是你观察他的内在本质，他还是一个小孩子，一点都不成熟，别人一逗他，他就会发怒，他就会生气，他没有办法掌控自己，也没有真正地做自己的主人。

本质的发展就是我们对自性或者对本性的认知和体验的程度，严格地讲，这里面有很多层次，具体到什么程度了，就有不同的发展的阶段。包括你整个灵性修养的水平，清醒的程度，修行的境界，等等，都属于本质的发展。和人格的发展不同，本质的成长是属于你生命的内在素质的成长，它是只有你真实发展到什么程度，你才拥有相应的本质发展，而与他人、社会等外在的评判无关。

大家对人格和本质这两者有了这样一个初步的认识之后，我们进一步要探索，这两者之间到底是什么关系？我们要建立一个健全的完整的人生观，而不是一个偏于一边的单向度发展的人生观；要把两者放到它自己的位置上来看待它，认清楚它，而不是简单的去否定一个、肯定一个。当我们把人格发展的重要性片面地扩大，而忽略了本质的发展，这是俗人的问题；但是如果我们只专注于本质的发展，而在人格发展上面一败涂地，这也是一个不健全的道路。有些修行人修成了一个怪模怪样的，社会无法认同的，与社会对抗的，生活无法自理的这种人，这是忽视了人格层面的发展的结果，这不是我们要走的道路。所以我们从整体上要把这两者的关系理清楚，了解它们各自应有的位置。

我现在先从整体上来阐述这两者的关系。一个完整的人生观，它必须以本质的发展为根基，为根本的方向；以人格层面的发展来为本质的发展创造条件，而由于他本质的发展，他在人格的发展上也更加顺畅、更加无碍，这就是一个真正的修行人要走的道路。我有一副对联，讲的也是这两者的关系，叫“提起放下两自在，出世入世双风流”，这是讲要处理好“出世”的“本质发展”与“入世”的“人格发展”两者的关系，你要做到两者兼容并包。你在社会责任方面，就是要提起来，不能逃避；而要放下，就是能够破你的执着，回归真心，把出世入世两者的关系处理好。离开了本质的发展，我们的人生最终将一无所获，人格的发展终归是暂时的。无论你有多高的地位，拥有多少财富，它们随着你肉身的消亡，跟你一点关系都没有。大家要认清楚这个道理，有很多人不断地攒钱，攒多了以后，它其实跟你的人生没有关系。你走了以后，什么都带不走，所以佛家有一句话叫“万般带不走，唯有业随身”。

这个“业”广义来讲有两个方面：一个是你造的恶业，以“种子”的形式停留在你的“阿赖耶识”之中；一个是你修行的智慧，也是以种子的形式存在。这些善业、恶业的种子一直伴随着你的生命，是你能够带得走的。本质的发展就是要消除恶业的种子，显发智慧的种子，这种种子的净化才能成为你生命的内在本质的成长。

肉身的消亡，不等于生命的消亡，这个可以接着前面“我是谁”的话题来讲。生命到底是什么？它是一层一层的，后面我们会讲生命的多层结构。肉身相当于我们生命的一套外衣，里面还有能量，还有信息，还有本质、本体。所以人格的发展，是属于外围的发展，你有了本质的发展之后，再加上人格的发展，这就是锦上添花了；但是没有本质的发展，只有人格的发展，你的生命是没有意义的，所以一开始我讲人格的发展是为本质的发展服务的。要搞清楚这个关系，就是我们内在的这种素质，这种自我觉醒的能力，这种转化业力的能力的提升，才是我们生活中真正有意义的事情。

所以真正的修行，是“功不唐捐”，你所下的功夫，付出的努力，取得的每一点进展，它都会以一种智慧种子的形式留存下去。不同的人为什么先天有那么大的差异？这都是因为先天种子的关系，你无法用后天的环境来解释这一切。就算是双胞胎，两个人有同样的父母、同样的生活环境，吃的差不多，睡的也差不多，但两人一生下来就有许多不同，性情各异，随着他们长大，

还会有更多的不同显示出来，这些不同有很大一部分是来自先天的种子的差异。修行人讲一个“宿慧”，有没有“宿缘”，有没有“宿根”，这些都是表示先天种子的差异，它们决定了一个修行人有没有修行的“根器”。根器从哪里来？就是从前生的种子里面来。以前的生活当中积累起来的印象形成种子，它会影响你现在。这里我们就要明白，人生最重要的事情是什么？就是要改良自己的种子，改良自己意识里面的种子，要活出真我的存在状态，提升自己觉知、觉悟的能力，从昏睡中醒来，这个本质的成长是我们人生发展的主线。

在这个基础上，我们不否定人格的发展，不能说我一修行，就无法在社会中生活，跟现实生活中的人、事完全对立，成了一个异类。真正的修行人他可以有清醒的智慧游戏人间，严格来讲，他应该比俗人活得更好，这是我一直强调的。如果一个修行人修行以后，活得什么都不如别人，却自我解嘲，说我是修行人，我看破了，我放下了，这多半是骗人的。这有点像阿Q，其实你想要而要不到，然后就说你放下了。你很想赚钱，但是你没有这个能力，你就天天修行、打坐，说赚钱那是世俗的，其实内心深处放不下。也就是说，人格的发展如果是建立在本质的发展的基础之上，那是好事情。你是主人，能够驾驭你的财富，驾驭你的地位，驾驭你的身份，你可以把一切都转化成好东西。

修行不是消极的，不是说就不要名，不要利，名和利也可以是好东西。你用名和利来为人民服务的时候，名利就是好事情，我有这个位置，我可以为更多的人服务。

你说修行人怎么还搞这个，还对这个感兴趣吗？修行人不是真的对名利感兴趣，但是当某个位置对我比较合适，别人没有这个能力，我在这里说不定还能做点事情，那么我也可以利用这个位置来做些利他之事。修行人不是对名利感兴趣，而是对怎么样利用这个位置来为人民服务感兴趣。

所以不能说我是一个修行人，我就在世间什么事都做不好，什么都是别人比我强，我就只会修行，那是没用的。即使你对你的工作不怎么感兴趣，但也要把本职工作做得比较好，你要有这个能力。虽然不一定看重这个东西，但是还是要做好，既然在这个位置上就要把它做好。如果修行人都是这样的话，这个世界就可能很太平。要么是一些俗人，要么是一些事不关己，高高挂起，只知道修行的人，这世界谁去改善它呢？

从修道的人生观来讲，我们要把本质的成长放在更重要的位置上来，大家一定要认识到这个。你跟俗人最大的区别，就是你知道人生中最重要的是什么。不是别人怎么看我，不是要为父母、为亲戚朋友来争口气，让他们羡慕我，不是为了开着宝马兜风，回老家显摆我很厉害……这些都是浮云。人生最有意义的事情是自己悟道了，认出了本质的自己；是看你有没有这种超越外在环境影响的能力，有没有不受打扰的宁静，有没有不受外在环境干扰的喜悦，从而自由自在地活在自己的这种喜悦之中。

智慧的人生就是要往这个方向发展，要清醒过来，回到自己的觉性，把修行放在第一位。有很多人总是把修行看作一个很神秘的概念，有一部分人对生活失去了信心，受到了挫折，失恋了，生活不好了，然后对这个世界灰心丧气，不想干了，老子出家了。这种出家是真出家吗？这种逃避式的出家，不是真正的出家，出了家也不是个好的出家人，你破坏了出家人的形象。所以真正的出家，“非帝王将相所能为”，那是大丈夫之行径，是为了帮助众生，普度众生，才放弃现实世间的一切，专心致志从事修行，要觉悟，要发大菩提心。出家只是修行的一种特例，我们所说的修行，是人生的一种本质成长的道路，所以修行不是少数人的专利，更不是宗教人士的专利。我们所谓的修行，完全是一个拓展的概念，修行即是修道，它不是什么生活之外的一个特殊的行动，而是一种真正的生活方式。

我们每个人外在的工作、身份等都不同，但都要去寻找人生的根本的方向与意义。不管外在表现如何不同，我们最重要、最有意义的事情，是提升自己的素质和能力，提升生命的境界，致力于本质的成长，走向最终的觉醒。这不是某一个人、某个团体或少数人要做的事情，这是我们每一个人的必修课，而且是每一个人一生当中排在第一位的头等大事。因为离开了修行，离开了本质的成长，你所有的人格的成长最后都等于零！

请大家注意，一般人总是把修行放在第二位。说我最近很忙，要忙这个、那个，等我有时间了，我再来修行。一等就错过了，那个你完全准备好的时刻永远不会到来！不等待，是进入修行的第一原则，修行不能等待，永远要把修行放在人生中的第一位的事情来做。因为生命无常，我们没有一个人能够把握自己，能够确定几年之后还在这里，活着是没有必然性的，活在这里可能是个偶然，你要抓住每一个机会，去提升自己，做好准备。

葛吉夫有一个非常重要的建议，他说要把我们的每一天都当作生命中的最后一个小时来活，要有这种观念，你生活的质量才能提升。如果我只剩下最后一个小时，我要干什么？哪些是最重要的事情？是跟人家争名夺利这种事情吗？找到你自己，这才是最重要的事情。

要建立这样一个以修行为本的人生观，这不是一个宗教概念，也不是与普通人生异质的特殊的概念，这是我们对人生意义的追寻所得出的结论。人生中最重要的事情是什么？要始终把修行摆在第一位。《大学》里面讲："自天子以至于庶人，壹是皆以修身为本。"这是中国文化的根本观念，以修身为本，齐家治国平天下，那是放在修身后面的，那相当于人格的发展，而修身才是本质的发展，你自己内在自身获得了发展，你才能更好地去做利益社会、利益人群的工作。

2. 内在工作与外在工作

讲了人格与本质这两大层面之后，下面我们就讲与之相应的"内"和"外"的概念。当然内在和外在也是相对的，不是完全对立的，但是大致说来也是有这样两个层面，本质的发展是内在发展，人格的发展是外在发展。

人格总是跟外面相关联，如果跟外面一点关联都没有，那就不叫人格的发展。人格总有"你"和"我"的社会关系，别人怎么看你，你怎么看别人，这些东西都是在人格、面子这个圈子里面；而本质只跟你自身有关，是自身的成长，其状态如人饮水，冷暖自知。你自己内在发展到什么程度，这个是你自身可以了解的。你心乱如麻，还是心如止水，还是怎么样，自己要知道自己，别人并不关注你的内在。

内在与外在这两大层面，与人格和本质正好对应起来。我们整个的人生有各种各样的发展道路，有各种各样的方向，但是归纳起来就是两个层面的发展，一个是内在发展，一个是外在发展。

我们所从事的全部工作，广义来讲也就是两个方面，一个是内在工作，一个是外在工作。外在工作对应的是人格层面的发展，我在社科院当教授，这是一个外在工作，我有这样一个身份，这是我在社会上的工作；而内在工作，则是为我自身本质的成长所进行的工作，比如修行、打坐、悟道，这是我自己的事情，它与社会没有直接的关系。

相应地，外在工作获得外在的发展，内在工作获得内在的发展。我得到教授这样一个身份，然后在社会上有这样的一个位置，这是外在发展的成果，解决的是外在的生计的问题。内在工作跟别人没有关系，也不需要别人承认，不需要去证明给别人看。它是你自己内在生命的成长，你的喜悦的成长，你的宁静的成长，你的智慧的成长，每一点进步都是自己内在本质的发展。你自身的喜悦，也可以给人家分享，但是不需要得到别人的承认，我不需要去证明我达到什么境界，非要你承认不可。如果有人跟你争论说他是开悟的，你说他没有开悟，他非要证明他开悟了，那么这个人肯定不是开悟的人，他是有问题的人。开悟完全是内在工作的成果，是明白了真正的自己，一旦你明白了，你已经超越自我了，哪里还会有争论是否开悟的问题呢！

非要说自己修行水平有多高，这都是自我，都是人格。一个真正有道的人或者修行好的人，绝对不会强调自己有多么重要，自己有多么厉害。假如你碰见一个老师，每天都在吹自己很厉害，那你要离这个人远点儿，这还在人格层面上，还没有进入本质的层面。你们可能会说，老师你这不也在吹自己吗？我没有吹自己，我即使吹自己也是为你好，那是演戏。我上课的时候让你把我当佛看，那是为了让你收获更多，出了这个门下课了，我就不管你了，你把我当什么都没问题。

内在工作所得到的成果是本质的发展，它是寻找真我；外在工作所得到的成果是人格的发展，这是发展自我。所有的形象、人格面具、面子都属于自我发展，就是得到一个自我的成长。自我就是一个虚幻的面子、形象，而绝大多数人一生都活在自我、人格这个圈子里面出不来，他甚至没有想过还有更高的东西。他一生朝思暮想的就是怎么样提升自己在别人心目中的地位，要爬得更高，要赚得更多，而生命的本质成长反而被忽略了。

前面我们讲了人格的发展和本质的发展，这两者的关系，以及哪一个是更重要的。本质的发展是奠基性的，是基础性的，是人生真正的意义之所在，而人格的发展可以为本质的发展提供条件，提供服务。好比说，你赚钱也可以变成好事，“法、财、侣、地”是修道的四大要素，有了财以后，你修道才有条件，如果一点钱都没有，你来北京的路费都没有，那么你听我的课都没有条件。就是说，你可以把这些人格的发展转化为本质发展的基础，为本质发展创造更好的条件，这样的话，人格的发展就是好事情。如果人格的发展影响了本质的发展，甚至否定了本质的发展，那人格的发展就是坏事情。你仔细观察一下，有很多人钱赚得越多，对他的人生越不好，他做坏事的能力越强，造的业更大，将来可能果报更严重，方向搞反了，就不是好事情了。

既然本质的发展是奠基性的，同样内在工作是我们一生当中每个人都要去做的工作，这才是我们真正的工作、根本的工作。我们一般人都是把这个工作，仅仅理解为外在工作，我在什么单位上班，干点儿什么活，把它当工作。仅仅是为了人格的发展，仅仅是为了你现实生活的需要，你在哪里工作，在哪里上班，这个是世间法的概念，我们一定要提升到一个内在工作的新维度。每个人要自己对自己下功夫，自己去主动地、自觉地改造自己，提升自己，要在自己的灵魂深处爆发革命，这也是非常重要的事情。

以内在工作为基，那么外在工作也可以为内在工作创造更好的条件。更彻底地说，人的一生要把内在工作和外在工作完美统一、有机统一，正如我们前面讲的人格和本质的有机统一，内在发展和外在发展的有机统一。所以我们提出一个“内外皆富”的概念，完美的人生就是内外皆富。内在的“富”是什么“富”？就是精、气、神的富有，外在的“富”就是外在的物质财富，内外两者要统一。

下面就有一个非常重要的问题，内在工作和外在工作如何统一？对大多数人来说，这两者还是在“打架”的。我天天要去上班，去干这个工作，你说让我修道，我这两者怎么兼顾呢？这两者结合的水平或者结合的方式还是有不同的境界。

比较低一点的水平是怎么统一呢？外在工作归外在工作，上班时好好地上班。上班的时间，我交给单位，给它干活，下了班我再搞点内在工作，抓紧时间打打坐，修修行，看看书，看些灵性的书籍，也提升一下自己。这就是简单的外在的加法，外在工作加内在工作，这也是一种结合，比纯粹只知道外在工作，不知道内在工作的还好一点。但是这样的人生，它会有一种矛盾，上班的时候可能心不在焉，想修行；然后修行的时候挂念单位还有一个事没有完成，领导交办的任务还没完成，静也静不下来。这两者不能统一得很好，就会自我打架。

我们要再上升一步，怎么上升呢？在内在工作和外在工作怎么样有机统一的问题上，最理想的情况是，我的外在工作和内在工作是一致的，我在从事外在工作的同时也是在从事内在工作，两者没有区别。比如说，我搞宗教研究，我自己修行也是要看这些书，我本来是要看佛道教的经典，我的兴趣也在这方面，这样我做自己感兴趣的事情，在从事内在工作的同时，我也解决了外在工作的问题。这可以说是我人生中第二次大的“开悟”，就是找到了这种内在工作和外在工作相统一的道路，而不是一方面在大学里教物理，一方面搞这个修道的事，这样就分开了，分心了。当你把这两者有机结合的时候，你会很顺利，很幸福，因为你没有工作上的矛盾，没有工作上的压力，不需要专门为外在工作的报酬去做什么。我在做自己喜欢的事情，顺便就完成了外在的工作任务。

但这是比较理想化的情况，大多数人做不到，外在工作跟内在工作结合不起来。我不能让大家都去搞修行这个工作，都去从事灵性传播的事业。一部分人可以找与内在成长有关的工作，但要大多数人完全把他现有的工作放下，也不现实。对大多数人来说，内在工作与外在工作是一个分裂的状况，所以退而求其次，还要有一种在这种状况下能够使两者相统一的方式。

这种状况下，要如何做到两者的统一呢？简言之，就是不管我们做什么样的具体的外在工作，我们可以在我们的外在工作当中，给它加一种内在工作的成分，通过一种智慧的方式，把它转化为内在工作的一种体现。具体来讲怎么做呢？就是不管我做什么，但是我带着内在的这种修行的心态、修行的状态去做，它就变成了一种修行。因为修行是内在的改变，它可以跟外在工作不矛盾，别人可能看不出我在修行，但事实上我是在修行。

举一个例子：我是扫马路的，我就靠扫马路赚钱养家，我不能不扫马路，听到戈老师的课，我也想修行，要怎么办？老师告诉你一个办法，你可以通过扫马路来练功。你非常清醒、觉知地扫，每一个动作都很有意识，就跟打太极拳似的扫过去，扫过来，对周围的环境，保持清醒的觉知。这样你还不会出问题，不会被车碰到，因为你是清醒的，出问题都是因为无意识，都是在昏睡的状态才出的问题，你没有想到，没有意料到，才会出问题。清醒地、觉知地去扫地，每一个动作都是带着功态去做，这样你每天工作八小时，就练了八小时的“扫地功”。很有可能你将来是一代武林高手，通过扫地，你扫把在那一飞，天下无敌。这个从理论上说是可以做到的，你如果真的是扫地跟练功配合起来的话，可能你这把扫帚可以出神入化，扫出人生的最高境界。

修行就是加入了一个觉知的意识在里面。前面我们讲过“行禅”，走路可以变成修行，同样扫地也完全可以变成修行，洗碗也可以变成修行……尤其是简单的劳动跟修行特别容易结合，你在田里面翻地，干点什么事情，不需要动脑子，但是你可以尽兴地修行，在田间干点体力活，不但修“心”，而且修“身”，身体也得到锻炼，许多劳动都可以变成修行。

当然，每个人的工作不一样，具体要怎么样结合，自己去想一想，但是都有方法的，都可以找到一条道路，让两者结合起来。做任何事情可以变成修行，在每个瞬间，要观照自己，对自己的起心动念，都要清楚，什么时候起了贪婪，什么时候起了恐惧，什么时候被外面带走了，你都要有觉知，你将来就是一代高手；你老是被外境带走，心不定，心随着人家走，那就没戏了。

不管做什么工作，你把心收回来，安安静静地接受这个工作，不要自己跟自己打架，让你的外在工作尽量和内在工作统一起来。因为你要改变你的职业，找到一个新的工作可能不容易，如果你没有条件改变你目前的工作，那么你就全心全意地去接受这份工作，带着一种喜悦、庆祝、觉知的状态去做事，它就变成了内在工作的一部分。

千万不要一方面干，一方面又排斥，你天天在埋怨，自怨自艾，这种事情是自我伤害。你天天是矛盾的，天天做自己不想做的事情，天天在诅咒这个社会，诅咒这个工作，恨老板，恨单位，恨社会，你这个人对社会就是一个不良分子。在我们没有能力改变自己的工作之前，我们要去接受它，改变不了它就改变自己，把心态一转变，任何工作也可以干得有声有色，也可以干得很喜悦。心态转变就可以，千万不要一直拖着一个担子，老是自我矛盾，自我否定，天天带着苦瓜脸去上班，这样的话会害人害己。

另外，在外在工作的空隙，也都有修行的机会，只要你有足够的智慧和能力，修行是随时随地都可以进行的。

我们讲了这么多，真正的目的是什么呢？是让大家高度重视修行这件事情，不要把它当作一种奇怪的、异类的事情，好像我有了问题，才去做这个事情；其实修行的内在工作，恰恰是一个最正常的人，做的最正常的事情，最应该去做的事情。

内在工作把自己从一个昏昏欲睡、胡思乱想的状态中的人，变成一个清晰、觉知、喜悦的人，这难道不是人生中最重要的事情吗？还有什么比这个更重要呢？我们要确立内在工作的重要性，把它排在人生的第一位，从现在开始，不要再错过时间。不要等将来，不要说什么等孩子大了再修行，你没办法保证将来；你现在都修不了，将来更修不了，必须从现在开始。

高度重视之后，就要给自己定功课，每天要有定课。修行的内在工作包括两个方面：一个是定课、专修的时间，一个是生活中随时随地的修行。

每天或早上，或中午，或晚上，给自己至少定一次专门修行的时间，一个小时左右，每天到点就要修，坚持下去不动摇。如果白天要上班，就设置在一个不被上班所影响的时间，睡觉前或者刚醒来那段时间都可以修。对于初步修行的人，或早或晚，你先抓一头，两头都抓，比较困难。有的人习惯早睡早起，你早睡之前来不及修，就算了，早起之后再修了。有的人习惯晚睡晚起，你起得很晚，可能没有时间修了。你既然晚睡，晚上的时间就少看你的手机了，空出时间来修行。

认为自己没有时间修行的人，本身就是智慧不够，见地不到家，说明你还糊涂。如果我们认识到修行是第一位的事情，是最重要的事情，怎么可能没有时间？你时间去哪了呢？干什么去了呢？你完全可以没有时间去干别的。别人找你打牌，你可以没时间；找你吃饭，你可以没时间，我没时间陪你。你不能说没有时间修行！你把人生中最重要的事情放在一边，那不是糊涂蛋吗？所以不要找借口，上完我们这门课后，回家去落实，每天定一个修行的时间。

这是第一个，是修行的定课。第二个，就是生活中的修行。你打一个小时坐，打完就算了，告诉老师你每天都打坐一个小时了。其他时间都放下了，该干什么干什么，还是胡吃海喝，那这个修行不管用的。你一天二十四小时里面只有一个小时在修行，能敌得过业力吗？能扭转惯性吗？肯定还是胡思乱想占据上风，智慧的种子肯定不够，所以要让修行的这种功夫在日常生活中相续下去。不管你做什么，你都有修行的意识，要带着修行的这种觉知力，行住坐卧，不离这个。不管做什么，内心的这种灵明，向内观照的这种能力要加进来，要随时随地训练自己的觉知。

3. 在实修中体会灵性的奥秘

课间大家可以走一走，练习行禅，不要坐着不动。利用行禅的时间，我们来练习一下念佛，讲一下念佛的法门。

念佛，当然有它宗教性的一面，有净土信仰的一面，但在我们的教学当中，我们可以把念佛的核心本质讲出来，作为一种通用的修行的方法。广义地讲，念佛法门就包含了一切法门，它包

含三个层次：实相念佛、观想念佛和持名念佛。第一，实相念佛也叫法身念佛或念法身佛、自性佛，念自己的自性、实相。“阿弥陀佛”就是一个代号，是“无量寿、无量光”，代表了无量的时间、无量的空间、无穷的能量。念阿弥陀佛，就是回归自性，让自己提醒自己，进入自性的海洋，这是最高的一个层次。第二是观想念佛，念佛的时候要按照一定的程序去观想佛的报身，按照一定的步骤去观出净土的世界。第三就是持名念佛，不用观想，也不管什么法身、报身，只是纯粹的持名，一心一意地持名专念，这是比较简单也比较直接的方式，一切不管，只管念佛。根据你自己的兴趣或理解，这三种法门任选一种都可以。

观想的时候，你可以观想阿弥陀佛的无量无边，智慧无边，能量无边，这样去观想，也可以变成一种提醒自己回归自性的方式，你也可以纯粹地持名念佛。

阿弥陀佛……

啪！大家体会一下，刚才在念佛，突然就停下来了，是谁能动能静呢？是谁在控制这一切？我们的觉性在哪里？真正的佛在哪里？当我们念佛的时候，就全心全意进入阿弥陀佛的怀抱，进入无量自性的大海，融入这个世界当中，一切身心都融化了。

阿弥陀佛……

啪！这一刻是不是很宁静？这就是佛国净土，保持这个状态。

我们带着这个状态开始站桩，回到自己的位置。首先是姿势，两脚与肩同宽，双腿微曲，膝盖保持一点点弯曲就行了，膝盖跟鞋尖差不多对上。头还是往上，伸直了，状态是一样的，不要左右前后的歪斜，保持平衡状态，两手自然放在两侧，不费劲，不费力，不做任何的控制，也不是去保持抱球式了，不需要费力，这样全身可以非常放松，来进入一种禅定的状态。因为我们不是在练武功，不是要练出什么打人的本事，我们就是进入一种状态，所以双手自然一放，这是比较容易、轻松、自在的方式。眼睛，还是二目垂帘，看着前下方。

站桩用什么法门？用前面讲过的观呼吸法门也可以，但是我们现在为了让大家多体验不同的法门，每次实修时讲的法门都不一样，这样以后你们可以自由选择你们喜欢的方式。我们站桩，现在传给大家一个“十六字口诀”的心法：“精不下泄，神不外驰，身心一体，天人合一。”我在大学里面站桩时经常用这个方法，这是对我来说非常有受用的一招，完全来自我自己的经验。

我们平常人的能量向下流，精神向外发散，神气不交，神、气是分离的。思想是向外发散的，能量是向下发泄的，这叫“水火不交”。我们现在练功，你念这个口诀，“精不下泄”，精是代表能量，不往下走，就等于是往上提，提到中间肚脐眼附近的丹田上来。“神不外驰”，平常我们的精神意识，是向上发散，向外追逐，追逐各种各样的对象，现在不向外走，要回来，那么精神就向下走，也是走到丹田这个位置上来。也就是你意识的目光微微地关注到丹田这个部位，但是不是死守。精不下泄，神不外驰，这样一来，就“身心一体”了，你的身体和精神这两者本来是分开的，现在是变成一个整体，合在一起了。平常你的精神不在身体上面，身体跟精神是分裂的，现在我们身心一体，变成一个东西。下面是“天人合一”，身心一体可以说是真正的小周天，天人合一则是真正的大周天。不是什么气脉转来转去，就是周天，你身心融化在一起，这就是你人体内在的小周天，把自己的生命融入到整个大宇宙的海洋中去，这个是真正的大周天。

身心合一，用内丹学的话说叫作“坎离交”，天人合一叫“乾坤交”。坎离交，就是取坎填离，就回到乾坤，这是从后天回到先天。乾坤交，是从后天之先天回到先天之先天，乾坤一交，就回到生命最原始的道的状态、本体状态。这是从原理上讲，但是你实修的时候，把这个原理通了以后，你就只要默诵这十六字口诀，念完前面两句，就回到身心一体，就安住在这里；最后要把身体放掉，进入天人合一，然后就安定在天人合一的状态当中。

当你起了杂念，离开这个状态的时候，再重复，从头开始，念“精不下泄，神不外驰”，又回到“身心一体，天人合一”。如果你真的进入了天人合一，什么都可以放下，什么都不用管了。一起了杂念，一离开了，马上重新回来，回到这个口诀上来。

“此是选佛场，心空及第归”，这里就是选佛的场所，谁心空了，谁真正放下了，谁真正进入状态了，你就中举了，你就合格了，你就没有白来，自己用心一点。

三、灵性生活的基石

经过两次实修，有的人可能会已经有一些体验，久坐必有禅。关键是去做，一开始没有进入状态，没有关系，要有耐心，按照一定的方法，坚持做下去，功不唐捐，耕耘必有收获。如果我们把人生的选择与付出看作是广义的投资，那么从事内在工作增长智慧的财富，这是人生最有意义的投资。我们把时间、精力投资在这个方向上所获得的成果，是我们人生中最有意义的财富，这是本质的成长。其他的投资都是次要的，通常的投资是浪费我们生命的时间、精力，为了财富的增长，耗费了我们的精气神；投资内在工作是增长自己的精气神，让生命真正得到本质的成长。

现在我们讲的主题叫“灵性生活的基石”。“灵性”这个概念，比较流行，大家都比较熟悉了。有很多讲灵性的，讲成了“鸡汤文学”，只是为了媚众，似是而非的概念比较多。有的人把灵性讲成了“成功学”，鼓励大众去自我催眠，去追求所谓的成功，这都是与灵性成长背道而驰的。我这里讲的灵性，是指真正的宗教的核心智慧这个层面，是真正的精神生活、精神成长，而不仅仅是一种满足自我的花里胡哨的东西，我们要真正面对精神生活的核心。

我们要修行，除了每天给自己制定功课去修炼之外，还要把修行融入到每天的生活之中。如果我们的修行不能融入自己的生活，不能在生活中得到受用，得到体会，我们的修行最终还没有成功。这两者相辅相成，相互支撑：唯有将你的修行融入你的生活，你的修行才会走上轨道；反过来说，唯有将你的生活变成修行，你的修行才会有进步，你的生活才会有意义。没有修行的生活，最终不会有真正的幸福；脱离了生活的修行，也不是真正的修行。

看一个人修行最后有没有获得成果，不仅仅是看他修炼中有什么体验、神秘经验，而是看他能不能落实在生活当中，在做人、做事中体现出一个修行人的生活品质。面对各种各样的干扰，各种各样的环境的影响，我们能不能够保持一种智慧、一种观照，能够清醒面对而不为境转。

灵性的生活的基石，我们讲几个主要的方面。

1. 庆祝地生活在此时此地

我们为灵性生活找几块奠基石，代表灵性生活最基本的品质、根本的要素，庆祝地生活在此时此地，这是灵性生活的第一块基石。

一般的人会理解，要庆祝总是有什么事情发生，在重大的节庆的日子，或是有什么喜庆的事情发生，我们才会庆祝。但是我这里讲的庆祝，不是因为什么事情而庆祝，就是对存在本身的一种接纳，一种融入存在的感觉，一种欢然接受一切生活的心态。庆祝也是对灵性智慧的一种领悟，在了解了生活的意义之后，你能够怀有一种悠然的心态，去面对一切。所以这里的庆祝是全然的、无条件的。

你庆祝成功，也庆祝失败。成功和失败就是一对阴阳，一对孪生姐妹，没有失败就没有成功，没有成功也就没有失败。生活中总是有得有失，但我们常人总是在得失之间去选择，总是害怕失去什么；但我们是庆祝的心态，要勇于庆祝那个失去，失即是得，得即是失，永远是辩证的。一个真正的智者，他是全然地接受两者，不管是得与失，你的心态不变，因为自性的海洋一直如是，存在的海洋无得无失。所谓的得失只是一个泡沫，只是海洋里面的一朵浪花，浪花有起有灭，海洋亘古如是。

领悟了自性的智慧之后，就有这样一种不增不减的心态。用一种庆祝的心态、游戏的眼光看待一切，没有什么大不了的事情。究竟而言一切都是无常，一切都是生灭法，而只有觉悟到整体的世界、宇宙的海洋，你才能够保持这种真正的庆祝。

活在此时此地，也就是活在当下。我们的心总是在回顾过去，总是摆脱不了过去的影响；总是在展望未来，在想象未来，而我们很难安于当下。如果我们审视自己的生活，仔细观察自己，就会发现我们的心不是想过去就是想未来，眼前的一切，我们从来没真正注意过。

你不会把此时此地的事情，当作一个很重要的事情。重要的事情要么就在未来，你在想象它；要么就是曾经的过去，你在回忆它。可是真正重要的事情是现在，是当下这个时候，就在这个地方。让过去死掉，这是一个最大的智慧。事实上过去已经过去，你不让它死掉，它也已经死掉了；我们不让它死掉，那是我们的执着，是我们的问题，摆脱不了过去的阴影，就无法全然地活在当下。

我们总是被过去拖着走或者推着走，这也是我们之所以心不得自由的根本原因，过去的影响无时不在。一个真正的修行的人，一个进入灵性生活的人，他永远把当下当作真正的生活，他

不再为过去所牵连，过去就过去，PASS 掉，也永远不会为未来去操心。因为未来还没有来，未来取决于当下，想象未来，没有意义；而过去已经过去，留恋它或者排斥它，都没有意义。清醒地、庆祝地活在当下，活在此时此地，这是灵性生活的第一个要点、第一块基石。

其实，怀着庆祝和游戏的心态，这是灵性生活的品质。这不是一种嬉皮的心态，而是一种觉悟的品质。因为知道所有的现象界，没有什么事情是永远不变的，一切的得失都是过眼烟云，这种智慧的了悟，使我们的心灵能够庆祝和游戏，永远像孩子一样天真，接受当下的一切。

讲到活在当下，我也多次强调过，要明白“当下”的真正意义是什么。严格地讲，当下不是“时间相”里面的“现在”，此时此地不是我们字面上了解的一个时间、一个地方，好像别的时间、别的地方就不对，这种理解是错误的。真正的当下，是没有时间相的永恒，是没有空单相的无限。

如果我们把时间看作一条线的话，当下是与时间线垂直的新的维度，它是属于永恒的维度，跟时间线不在一个维度上。也就是说，真正的当下没有时间相，它没有过去，没有现在，没有未来，在任何一个时间点上，都可以通向永恒的当下。如果是和过去、未来相联通的、相对立的那个现在，那还是时间的维度，还是有时间相，过去相、现在相、未来相，都属于时间相。没有过去，哪里有现在？没有现在，哪里有未来？现在与过去、未来都是缘起相关的一体，所以《金刚经》讲：“过去心不可得，现在心不可得，未来心不可得”，三心不可得，在不可得之中呈现出来的永恒的维度，才是当下。如果说活在当下，就是活在现在，把过去心、未来心去掉，那只是一个方便说法，不是究竟说。究竟的当下不在时间之中，没有时间的分别相，它是一个永恒的维度，是一个新的层面。也可以说，所有的时间都在里面，所有的过去、现在、未来都在里面。

从空间来讲，当下也不是说某一个地方，此时此地的此地不是某个地方，它是没有空间相的一个纯粹的空间。它不是“这里、那里”相比较的“这里”，当下没有空间上的分别，整个的空间都融为一体。这是真正的当下的意义。

另外一点我们要注意的是，活在当下并不意味着我们的生活就成了一团糟，过去的事情我就不承认了。我昨天借了人家一百万，过去心已经过去，我可不管了，我只管当下；你不承认借了人家的钱，欠债不还，那是不行的，这里面要知道相对性和绝对性。我们生活在永恒的维度里面，不等于说我们对时间就不能去分别。永恒是内在的心灵的一种品质，而不是对这个时间相的简单的否定，要把它的层次分清楚。如果我们做决定的时候，不能想过去，以为“过去心不可得”，跟过去告别了，那你是不能在这个世界上生活的，你是无法做人的。昨天答应的事，第二天就不承认了，过去心不可得！借的钱不还，吃完饭就走路，不给钱，因为已经吃完了，吃完就不给钱，因为吃饭属于过去了，活在当下不是这个意思。

在相对的缘起现象上面，我们还是可以思维过去，也可以展望未来，但是我们内心的品质是没有这种时间相、空间相的分别与执着，我们是非常觉知地去思考过去，去展望未来，而不是被过去和未来带走，让我们的心失去自主自觉的能力。这就是说，活在当下并不是简单地意味着我就不能够想过去，过去的事就什么都不知道，因为在真正的永恒的当下里面，一切时间里已经发生的事情，它的印迹也都还在。如果你能够真正地活在当下，你的记忆力会更加清楚，过去的事情你会一清二楚，对未来的感觉也会更加灵敏。不为过去所困扰，同时能清晰了知一切，这才是智慧的妙用。这里面不矛盾，很多层面的东西都是辩证统一的，不能够把它们混为一谈。

现代人之所以生活紧张，一个重要的问题就在于我们从来没有把心真正地安住在当下，而总是被过去所牵走，或被未来的目标所带走。现代人的生活有一个重要的特征，就是他总是目标趋向的，他很难去享受当下，他老是为将来的目标而生活。

我们总是不断地被一个又一个目标带走，而这个目标实际上像是天边的地平线，是永远达不到的；当你达成了一个目标，它现在变得没有用了，一个新的目标又来了，目标永远在那里。

有的人一开始没钱的时候，他会说我要是能挣到十万块钱，我就再也不想钱的事了。等到有一天他挣到十万块钱以后，他就更加想挣钱了，十万块钱太少，有一百万还差不多。人总是不断地往后推，没完没了。你的目标，就是你内心欲望的一种体现，而人的欲望是无穷无尽的，是满足不了的。

当我们被这个欲望所控制的时候，我们的心就不得自由。我们误以为满足了这个欲望，我们就解脱了；恰恰相反，欲望不满足还好，一旦满足了以后，一定会有更大的欲望，它是永远扯不清的。被欲望所控制，我们的生活就是不断地为未来而拼搏，而当下的一切，我们无法享受。

有一个故事，很清楚地说明了这个道理。有一个渔民，他很贫穷，但拥有一只渔船，每天潇潇洒洒，驾船出海捕鱼，赚一点生活费就满足了。他吃得很简单，但每天很逍遥，看看山水，享受风光，怡然自得。有一天一个投资家来了，对这个渔民说，你人生要有所规划，你怎么天天这样混日子，这不是个办法，这样财富永远不会增长。你要想个办法，每天有个计划要打多少鱼，打完鱼以后，每天要攒多少钱去投资，不断增加资金，然后再多买一只渔船，找一个雇工，帮你打鱼，这样就能扩大规模，你自己就能做一个小企业家，这样一点点发展起来，将来就是一个大规模的捕鱼工厂，你可以发展壮大，挣更多的钱。渔民就问他，假如一切如你所说，最后我用赚来的那么多钱干啥用？这个投资家说，等将来你有钱了，你想去哪里就去哪里，可以游山玩水，怡然自得。那个渔民就说，是这样啊！我现在就可以这样生活，游山玩水，怡然自得。这个渔民倒是活在当下的，如果他按照这个资本家的欲望去走，实际上永远达不到，什么时候才能真正挣够了呢？一辈子都在追逐天边的地平线，永远无法享受那“游山玩水，怡然自得”的生活。

有很多人会假设，我将来发展到什么样的程度，我再来好好过日子。似乎他现在不是在过日子，他只是为了完成这个目标而活，过日子是放在以后，将来有条件的话，他才开始真正地过日子，带着他的爱人去旅游，去享受生活，这只是一种自我欺骗。你要么就现在开始“过日子”，要么就永远过不了日子，永远是不断地操劳、不断地干活，你真正的享受只有当下。想象未来的享受，那是一个头脑的诡计，给你一个欲望，不断地让你往那边走，但最终是达不到的。庆祝在当下，享受在当下，不要被自己的欲望所欺骗。

苏东坡有一首禅诗这样写道："庐山烟雨浙江潮，未至千般恨不消。到得还来别无事，庐山烟雨浙江潮。"这是用诗的语言，把我上面讲的道理很好地传达出来了。当我们没有去看风景的时候，我们老在想象，有一天我要去庐山，看庐山的烟雨朦胧、美景无限，要去浙江看钱塘江的大潮，看看潮起潮落。遥远的风景在想象中很美，但是眼下工作很忙，老是憧憬着将来要去游一趟，所以"未至千般恨不消"。没有去的时候，总觉得有个遗憾，将来要去北京逛逛天安门，要去法国巴黎，看看巴黎圣母院……有很多这样的想法。等到有一天你真的去了，完成你的心愿了，则是"到得还来别无事"，到了那里，不过如此。"庐山烟雨浙江潮"，不过就是庐山的烟雨、浙江的潮水，很平常的事物。

在家里的时候，我们会想象去旅游的享受，一旦我们踏上了旅行的道路，我们开始怀念家乡，想要回家，觉得还是家里温暖。我们永远在错过当下，不能够安在当下。等我们去旅游的时候，我们又没有真正地享受旅游的事物，我们在忙着拍照，拍完照之后，发朋友圈纪念一下，这其实也是一种逃避，你旅游的时候并没有在用心旅游，你想的是别的东西。等旅游完了，拿了一大堆相册，开始回忆，这景致好美！当时你根本没有觉得很美，你看着图片说景色很美。很多人过着这样如梦如幻的生活，我们的生活就跟一场梦一样，没有什么真实性，永远是在过一种影像的生活。

真正的生活是一场欢庆，而不是一场赛跑。你在当下的时候，你全然地活在当下的时候，生活就是一种歌唱、一种舞蹈，生活里面就有一种欢乐的品质。可是大多数人把生活变成一种赛跑，当下并不重要，问题是要比较，要胜出别人。我跟他比会怎么样？我是不是能够赢过他？把这个当作第一位的事情。你的幸福不是因为你当下所拥有的东西，而是寄托在将来的目标上面，你不断地想象将来能不能够获得某个位置。

当你开一辆很普通的车子的时候，一开始也是很高兴的。从无车到有车，你是有车族了，你感到很高兴。等到有一天，你的邻居开着他的宝马车在你面前晃来晃去，扬扬自得的时候，你的心就不平了。这小子凭什么，他有什么了不起的，你将来要开一辆比他更厉害的车。如果有本事，你就开一辆更大、更好的车，气气他；没有本事，就是阿 Q，自己骗自己。

我们把生活变成这样一个无聊的事情。他开他的宝马，跟你有什么关系？还是那辆车，你原来很高兴，为什么现在不高兴了？所以烦恼的根源在于比较，在于得失的计较。本来没有什么，但是一比较，就麻烦了。我们是同一个大学毕业的的同学，为什么他就当老总，那么有钱，于是我心不平，叹命运不公。没有必要比较，每一朵花都是独一无二的，你只要在自己的位置上去开放，发出自己的芳香，成为独一无二的自己。生活是享受每一个当下，不是为了完成一个目标而活，也不是为了跟别人赛跑，跟别人比较而活。

我们要把工作当作游戏，而不仅仅是为了工作的报酬，更进一步是要把工作变成内在工作的一种体现、一种表现方式。如果一个人辛辛苦苦工作了一个月，就是为了一个月的工资的话，我们生活的品质就无从谈起。生命多么可贵，为了这点工资，就牺牲了一个月的生命时光！我们活着，工资当然要，但不能仅仅是为了工资而干活，我们一定要把这些工作本身变成游戏的一部分，变成享受的一部分，变成内在工作的一部分。你现在是什么位置，你就安然地享受这个位置，自己活好自己，不是为了给别人看的。

2. 成为你自己

修行如果要比较，就自己跟自己比较，看自己有没有在素质上取得进展，有没有提升自己的内在品质，而不需要跟任何其他人比较。灵性生活的第二块基石，是“成为你自己”——活出自己的天性与潜能，而不是成为他人的工具；是为了完成自己的天命，而不是为了实现他人的期望。

要注意，你完成你的天命，成为你自己，做好你自己。你不是为他人而活，不是为了完成他人的期望，不是为了实现他人的一个目标，成为他的一个棋子，作为他人的工具。很多父母就把自己的期望加在孩子的身上，父母自己没有获得的，就希望孩子能替他弥补一下。你对孩子有很多的期望，实际上就是不让孩子成为他自己。表面上是为孩子好，实际上你是给了孩子更多的压力，干涉了孩子自己的生活轨道。孩子不喜欢弹钢琴，但是你自己有一个当钢琴家的愿望没有实现，于是你拼命要把女儿训练成为钢琴家，将来她能弹一首漂亮的乐曲给你听。你这是什么意思呢？你这不是让你的女儿往坑里钻吗？你喜欢钢琴是你的事情，你自己去弹可以，你不要强迫孩子；但是如果孩子喜欢弹钢琴，那是她自己喜欢，那就好办了，你给她提供条件，满足她的兴趣。

要真正成为自己，活出自己的天性，一个重要的问题或者重要的条件就是要“记得自己”。要记得自己，你先要知道自己，知道自己是干什么的，要不断地提醒自己，我自己的天命是什么，我的位置在哪里？不要遗忘了自己。要不断地转化自己的习气和业力，因为我们的习气和业力总是把我们带离当下，带离真正的自己。

我们有很多顽劣的习惯，诸如喜欢跟别人比较，容易被外在的环境所干扰，被众人的流言所伤害，为别人对我的评价耿耿于怀，这些都是不能做自己、不能享受自己的一个表现。你老想把自己展现出一个特殊的形象给别人看，别人认为我不行，我一定要让他认为我行，你何必呢？他认为你行不行，跟你是不是行不行，是没有关系的。要能够超越别人对你的评价，真正地做自己，在生活中要真正做到有意识，你的自觉性要一直在。生活中有很多这种人格化的执着，莫名其妙地计较，都可以去掉，要活出你的真心，天真烂漫地生活，体现一种纯真的生活品质。

这里给大家讲一个小故事。在一个寺庙里面，有一个老和尚带着一个小和尚。小和尚跟这个老和尚在一起生活了很多年，也学了不少东西，但是还是没有学到真正的智慧。有一天他就决定，说我要去游方，到别的地方去参访高僧，看看能不能学到点儿真东西。于是他离开老和尚出去游历了，得到高人指点，开智慧了，就是明白自性了。然后他就想回来，帮助一下老和尚。因为老和尚虽然是资格老，年纪大，但是现在他的智慧没有小和尚高了。重点是你有没有觉悟，不是年纪的问题，年纪再大也没用，所以小和尚想回来，反过来帮帮这个老和尚，让他不要活在这种概念当中。回来以后，他就住到原来的庙里，和这个老和尚一起生活。

老和尚看见小和尚回来就很高兴。他找来了两个苹果，正好有一个大的和一个小的，他把这两个苹果摆上，欢迎小和尚回来。这个小和尚等苹果一端上来了，不由分说就拿了那个大的开始吃。老和尚看在眼里，一下子觉得心里不对劲，心想这小和尚出去转了一段时间，好像没什么礼貌，没什么修养，只知道挑大的吃，把小苹果留给我。所以这个老和尚就有点憋不住，想要教训一下小和尚，就对小和尚说了："你这几年出去，有没有学到什么东西啊？"小和尚说："我很有收获。"老和尚于是说："但是我看你做人方面好像没有什么进展呢！怎么说呢，你看这两个苹果，一个大、一个小，我这么大年纪，以前还是你师父，你应该礼貌一下，怎么就直接把大苹果吃了？"小和尚没有跟他争辩什么，他就反过来问老和尚："这两个苹果如果放在这里，您是选哪一个呢？"老和尚说："我选小苹果"，这表示老和尚很懂礼貌。小和尚抓住机会，就敲师父一棒子："您看这结果不是一样吗？"意思是，既然您选小苹果，剩下的不是给我这个大苹果吗？有什么区别呢？这个老和尚当然也是有慧根的，啪的一下，激灵一闪，马上就明白了，这里面有智慧的点化。

我们的分别心是从哪里来的？为什么要区分大苹果、小苹果？本来都是苹果，你就随便拿一个苹果吃就行了。所谓的礼貌，不过是人为的后天的分别心，已经成为一种执着了。礼貌是在内心对他人有一种恭敬，而不是变成一种做作、一种形式。对小和尚来说，他知道这个大苹果他吃是合适的，如果他客气一番，结果也还是一样，他只是真实地自然地行动。哪有那么多的概念与分别呢？要反省我们内心里面许许多多的这种执着心、分别心。

我们心中有很多莫名其妙的执着，一定要这样，一定要那样。自以为很讲礼貌，自以为很谦虚，这种人往往有问题，他在强调那个自我。他动不动就说，你这个人怎么这么不礼貌，你这个人怎么这么不谦虚！说自己谦虚的人是不谦虚的，说别人不礼貌的人往往是不礼貌的。真正有礼貌的人哪会说人家不礼貌，他不觉得自己是礼貌的，他也看不见别人是不礼貌的。礼貌不礼貌，如果你自己一天到晚在计较这个东西，也许人家是很纯粹的一个行为，你都会觉得里面有不礼貌的问题，觉得这个人咋这样不礼貌呢！你带着这样的眼光去挑刺，你看见了别人的问题，实际上问题的根源在你自己这里，所以要学会反省自己的思维模式。

这里就涉及一个重要的概念，叫“投射”。我们内在有什么东西，往往会投射到对方身上去，其实跟对方没有什么关系。有时候我们也会投射到孩子身上去，今天我在某一个地方受了委屈，憋了一肚子气，孩子放学回家，本来说了一句很正常的话，你啪的一下脾气就来了，就把气发在孩子身上了。孩子觉得莫名其妙，不知怎么回事，其实根源在别的地方。说别人不礼貌，很多情况下这就是一种投射，是因为我们自己有这种不礼貌的心态，投射到别人身上去。

真正地成为自己，意味着既不去受别人打扰，也不要去打扰别人。不必满足别人的期待，也不必去期待别人。不要一天到晚计较别人怎么看我，我这么厉害的一个大师，他非要说我不行，气死我了，哪一天我要找他算账，要跟他讲清楚。如果我是一位有智慧的人，他认为我没有智慧，那是他的问题，对不对？那是他的愚蠢，你跟他争什么呢？你要去跟这种愚蠢的人争，要他承认你有智慧，那说明你很愚蠢，说明他说对了，对不对？这个道理很简单。所以不受别人打扰，同时也不要去打扰别人，要允许别人成为他自己。你不让别人成为自己，非要让别人按照你的期望来做，你是何许人也？你有什么权利去干涉别人的生活？要允许每一个人成为他自己，这样这个世界就是一个和平的世界。你不要老看不惯别人，也不要因为别人看不惯你而受打扰，安然地做自己，最好。

这样的话，所有的人际关系都好办，可以和睦相处。如果你发现两个人聊天，一个人老在聊这个人有什么问题，那个人有什么问题，那你不要听下去了，一定是这个人自己有问题。你知道吗？他所发现的别人的问题基本上是他自己的问题。一个没有问题的人，大概也看不见别人的问题；或者是看见别人的问题，他也不会放在心上。因为他是没有问题的，别人的问题对他也不会成为问题。他只是如实地看见这个事实，但是没有价值评判，没有是非人我。

这里有一个重要的观念，要明白“事实”和“判断”之间的差别。事实永远不会带来问题，带来问题的是我们的评判。如果我们客观地看待一个事实，什么问题都没有；但是加入了我们的主观判断，分别是非好坏，一评判就出问题了。就像上面所说的，大苹果和小苹果，这是一个事实，本身没有问题，无论是大苹果还是小苹果都是一样的；但是加入了我们的判断之后，就产生了很多的问题，所谓的礼貌、不礼貌，这都是我们后天的判断。

这种生活的智慧或者生活的艺术，我们总结起来可以用八个字来概括，叫“全然生活，超越两极”。全然的生活态度，他能够理解到事物的对立面，在得中看到失，在失中看到得；在成功中看见失败，在失败中看见成功；在牛市看见熊市，在熊市看见牛市。牛市时你不要疯狂，不要以为会一直牛下去，不可能，牛中必有熊；熊市也不会永远熊下去，一定会有牛市到来的。但是人总做不到，一看熊市来了，完了，天要塌下来了，好像永远起不来了，无限的恐惧，我的股票要归零了。不可能归零，你只要找到好的有价值的股票，怎么可能归零？在你“割肉”之后，它就起来了。

所以事物总有两面，你要看到它的全体，看见事物的实相。看见事物的实相，就是看见阴阳两极的整体。你看一个人，既要看见人的优点，也要看见人的缺点。优点，从另外一个意义上来看就是缺点；缺点，从另外一个意义上来看就是优点。这样的话，你看见了两级之后，你就不会总是在两极之间去判断好坏，去选择一个，排斥另一个，一天到晚在打架。生活都得如你所愿，永远要按照你的要求去做，可能吗？事物的发展不会以你的意志为转移，而你必须去接受这个事物的真相。你不要像个小孩子，老希望这个世界按照我的期望来运行。你看见涨的时候，你以为它还要涨的时候，它就跌了；你看见跌了，你觉得它还要跌，它就涨了。为什么要听你的指挥呢？你要去看见涨跌的真相，是你要去适应市场，不是让市场来适应你，世界没有必要按照你的意志去运转。

与此相关，观虚斋教学还有更重要的“八字箴言”：“一切都是，一切都好”，这八个字更透彻地点明了这种整体的大智慧。熊市亏了钱，你要念这八个字；牛市赚了钱，也要念这八个字。得失成败，都要念这八个字的“真言”。学会了这八个字，记在心上，你会受用无穷。这是一个“无上咒，无等等咒，能除一切苦，真实不虚”。

这就是前面讲的“超越两级”的智慧更加凝炼的一个说法。现在我要把这八个字上升一个高度，这个八字箴言代表了宗教智慧的核心，也可以说是一种“大圆满”的教法。

这里的“一切”，就是真正的一切，包含了所有。“都是”里的这个“是”，就是 Being，就是存在。“一切都是”，一切事物都是如其所是的存在，没有得失，没有两极的判断，就是如其所是，一切都是存在，或者说一切都是存在的海洋，一切都是终极的实相，一切都是道。

这是讲“一切都是”。“一切都好”是什么意思呢？好与坏的判断是我们人的主观判断，有好就有坏，有坏就有好，那么一切都好，就是去掉好和坏的分别心，超越好和坏的比较，这样得到的一个终极的状态，叫“一切都好”。所以它不是好与坏对立的那个好，而是超越好坏对立的终极的好，是至善，是“至于至善”的“至善”。也就是说，一切都好，是我们领悟了宇宙的实相之后，看破现象的浮云，看破现象的泡沫，所领略到的一种大智慧的眼光。泡沫有起灭，海洋一直如是；因为看见了终极实相，所以没有得失，不生不灭，不垢不净，不增不减。所以这是一种智慧的领悟，是一种境界的提升，提升到一个新的维度、一种新的境界，你真正领悟了，这就是大彻大悟，从此一切烦恼都没有了，因为一切都是，一切都好，还有什么烦恼呢？这是一个无上心法，大家去体会这个境界。

当我们讲到这里，很多时候，一般的人就会产生疑惑，马上就会发问，这个不是自己骗自己吗？这是阿Q啊！哪里会一切都好？我这天天亏钱，怎么可能天天都好？我这个事情就是不顺，我年纪这么大了，还找不到男朋友，你让我说“一切都好”，我怎么可能做到？你先给我解决了这些烦恼，帮我找到男朋友再说吧！对不起，我没法来帮你解决这个问题，我只能教你一种智慧的心态，不管你找到了男朋友还是没找到男朋友，一切都好！如果你领悟不了，那就没办法了。所以这个一切都好，不是说在你的生活事实上，没有什么问题，没有什么挫折，什么都好，追求生活上什么都好恰恰是错误的看法，我们不去追求这种什么都好的状态，无论现实如何都要庆祝，这才是我们说的“一切都好”。你认为一切要如你所愿，每个月都涨工资，找到如意郎君，这种一切都好，没有人能够给你保证的。上帝都不能给你这种保证，上帝恰恰是要让你经历过磨难，你才能得以成长，怎么可能让你一帆风顺？所以这里的“一切都是，一切都好”，是宗教智慧的最高领悟，是一种大圆满的心法。无论你在生活中遇到任何问题，你可以把手放在胸口，默念这八个字，然后你就发现你的心渐渐平静下来，你融入了整体的和谐，你融进了宇宙的海洋，一种祥和洋溢在你的脸上，所有的过去、所有的失败都成了烟云。

这跟阿Q精神到底有什么区别呢？大家想想，阿Q精神是什么意思呢？阿Q精神是我做不到，我得不到，但是我要安慰一下自己，自己骗自己说那个东西我不想要，没什么了不起。我打不过人家，就说今天不想跟你打架，其实你根本就不是我的对手，但是我不想跟你打，自己总要找一个借口，把自己从不利的状况中跳出来，这就是自我欺骗。“一切都是，一切都好”，不是这种自我欺骗，而是智慧的领悟。它不是让你否定现象界的事实，而是要跳出这个现象世界，进入本体世界，进入觉悟世界，用佛的眼光来看待生活，看待世界。佛的眼光就是一切都是、一切都好的眼光，没有什么世间的事情能够打扰佛。你说天塌下来了，佛也微微一笑；你说地陷了，佛也说好。因为在佛的眼光里面，没有天塌地陷的概念，他觉悟了实相之后，他就生活在永恒的维度，那是一个永恒的净土。不是离开现实世界去寻找净土世界，而是佛生活的世界本身，就是真正的净土世界。因为，“心净即国土净”，在佛的觉悟的眼光中，一切都好。

3. 幸福生活的条件

灵性生活的第三块基石，就是明悟幸福生活的条件，对幸福的观念进行一个彻底的革命。

我们要追求一种幸福的生活，如何可能？什么是真正的幸福生活？获得幸福生活、获得自由和解放是我们每个人的心愿，是每个人发展的目标，但是唯有通过认识自己，获得内在的自由，真正的幸福才有可能；唯有你成为自己的主人，唯有你自己存在，一切的成就才有价值。

我们大多数人所追求的自由，是从别人那里得到自由，是从别人的束缚中得到解脱，是从社会的压迫中、从人与人之间的紧张关系中获得一种自由解放，这种自由的方向都是向外的。如果我们把幸福看作是一种外在的获得或者外在条件的满足，比如说我设定一个条件，要有风景优美的别墅，有一个美丽的爱人，达到某种生活的条件，达到某个目标之后，这就是我生活的理想世界，我就能实现幸福的生活。这种对幸福的设定能否满足呢？第一，你这个目标可能永远不能实现，那它就变成了你的心病，你实现不了，就成为一种挫败。第二，万一你实现了目标，你住上了你想象的别墅，你有一个美丽的爱人，但我可以保证你还是不幸福。因为那个目标只是一个自我的一个设定，当目标实现了，新的问题又层出不穷，你永远得不到真正的满足。因为如果一个人内在没有自由，所有外界的条件的满足都不可能带来真正的幸福，真正的幸福是你内心的自由和内心的幸福。对幸福的这个本质的认识，是我们进入灵性生活与修行第一个要得到的基本的结论。如果一个人认为幸福是外在生活或者外在条件能够解决的话，你就没法修行，你进入不了修行的世界。如果你这个人没有改变，你这种自寻烦恼的心没有改变，你只是不断地向外追逐，那么无论你到了哪里，无论你有什么样的生活环境，你都会自寻烦恼。

最根本的束缚来自你的自我，自我制造了无数的恐惧与贪婪；来自你内在的不协调、不自由，你没有真正的主人，你的心随外境而起舞，你的苦乐是不由自主的。你的心是四分五裂的，你内在有无数的伤口，你自己在制造无数的麻烦。一个昏睡的人，一个不觉知的人，一个为自己的情绪与杂念所困的人，外在的一切是无法填补这些内在的坑洞的。

有一个人在尘世间生活得很苦恼，他很有钱，但是他不快乐。于是他就问一个智者，我怎么才能快乐？智者说，你到山里面去，找个地方，我教你一个方法，你去静心，这样你慢慢地把心静下来，才会得到快乐。这个人很高兴，他找到一个安静的寺庙静静地待着，开始练功、修行。有一天他给智者打电话说，老师，现在我有一个问题。老师问他，有什么问题？他说，我只是坐着，什么也没做，为什么会这么快乐呢？你看，一个充满自我人，甚至快乐了会成为他的问题。注意，如果你没有找到真正的自己，无论是好是坏，都是问题。你会自寻烦恼，没有烦恼，你也会找一个烦恼。

有一个老板、企业家，来跟我学习，他说你教我一个方法，我要得到智慧，得到开悟。那个时候外面正在下雨，我说："现在就有个方法，可以让你开悟。"什么办法？我说你在雨中站一个小时，我能保证你将会开悟。这个企业家比较相信我，虽然比较辛苦，但是既然能获得开悟，站就站吧！于是他硬着头皮，在雨中站了一个小时。站完以后，他气冲冲地找我说："你是个骗子，我上当了！"我说，怎么了？他说："我站了一个小时，没有开悟，什么感觉也没有。”我说：“不对，你总有什么收获吧？”他说：“我一无所获，我发现自己是个笨蛋。”我说：“恭喜你！这是一个巨大的发现。”人总喜欢向外找东西，不管是幸福还是悲伤，都以为是外面的事物造成的，他很难向内观察自己，去发现自己内在的问题。要开悟，首先要回到自己，经过一番折腾，最终发现问题在自己身上，不在外面。要找回内在丰富的宝藏，找回自性的永恒富足与圆满。

再讲一个故事。我发现有钱人不容易快乐，钱多了往往成为一种负担。也是一个很有钱的老板，但他也不快乐，后来他找到我，问我怎么才能快乐？我说，你把你的钱收拾收拾，把你的金银财宝、细软都打个包，你带过来见我，我这个人比较贪财，你只要给我足够的钱，我就有办法让你快乐。这个人半信半疑，但最后他决定赌一把。他带了好多现金、金银财宝，还有银行卡以及密码，打包都交给我了。我在拿到他的财富包之后，撒腿就跑。他非常气愤，以为遇见骗子了，赶紧在后面追，他心想，这下完了，全部的家当都在里面，这是一笔巨大的财富，一生的心血啊！他就拼命追我。我带着他转了两圈以后，把财物全还给他。这个时候他感到一种前所未有的幸福，高兴极了！我问他：“你现在高不高兴？”他说：“高兴！高兴！”我说：“你得到了什么？这么高兴？”其实，他只是得到了自己的钱财，但问题是他原来拥有这些金钱并不快乐，然后失而复得之后，他有了巨大的快乐。真正变化的，只是他的心态。

真正的幸福生活一定要向里找，发现你自己的佛性，寻找内在的、内心的圆满，唯有内心圆满和幸福，你外在拥有的东西才有意义。你成为一个健康、活泼、快乐的人，外在的一切都有了意义，你的别墅也才有意义。如果你自己这个人有问题，内在的素质没有得到成长，那么外在的发展最终是没有意义的，金银财宝不能给你带来真正的快乐。

所以，这里面有一个根本的奥秘。我们所讲的幸福生活的条件，就是要发生一个根本性的变革；幸福永远不能向外寻找，真正的幸福一定是圆满具足的内在。我把有关幸福观念的变革，称之为“哥白尼式的革命”，就是从外到内发生根本的转向。中世纪以来，基督教就说地球是宇宙的中心，哥白尼发现了地球是围绕太阳转的，而不是太阳围绕地球转，这是一个巨大的转向。我们对幸福生活的了解，也要发生一个巨大的转向——幸福生活不是从外在可以得到的，不是依赖于任何条件可以获得的；不是从世界中去寻求幸福，而是先获得内在的自由和幸福，以这种幸福的境界自由地生活在世界中。我们不是从什么外在的条件中获得自由，而是先获得内心的自由与解放，我们才能够突破外在的束缚，才能跟外在的世界游戏共舞。

这和常人的想法是大不一样的。如果我们想打破外在的枷锁，而没有内心的自由的话，这种自由的追寻只是一个错觉。

最终一定要从内在去发生革命，从你的内在深处发生灵魂的革命，世界才会真正的太平。这就是修道的智慧为什么这么重要，因为所有的社会问题，归根结底最后是人的问题，是人心的问题，人心的净化才是这个世界最重要的事情。修身为本，修行是第一义，让每一个人获得清醒觉知与内心的自由，这个世界才有可能得到真正的平等、自由与解放。对社会来说，也是要内外兼顾，外在的制度改造与内在的文化教育两手抓。我们的心要能够真正地做主人，回到内在、内心的自由的世界，这样我们才能在这个世界中自由地游戏、自由地生活。

最后我们对灵性生活的核心法则用几句话总结一下，叫“此心常觉，不随境转；灵明自性，常如太虚”。这十六个字，再赠送给大家。“此心常觉”，这个心要常常保持觉知、觉悟。“不随境转”，境是各种各样的境遇、对境，各种各样的事情来了，你不要被它打扰，保持自己心的觉悟。“灵明自性，常如太虚”，能够不随境转之后，就可以回归自己内在的灵明自性，像太虚一样无边无际，无牵无挂，无有挂碍。活在这样一个无有挂碍的广大的灵明自性之中，这就是真正的幸福，也是真正的自由。

四、解决五花八门的问题

观虚斋教学课程里面，有一个比较有特色的项目。白天我们上课，晚上会安排一个“小参”答疑的活动，现场回答学员们的提问。这在别的地方是很难找到的，以前的禅师有这样的传统，师父和弟子在一起对答，但是现代很难找到了。

我想一般的老师也没有这个胆量或者能力去做这样的小参，因为听众的问题可能是五花八门、乱七八糟的，有的问题你可能都不知道怎么回答。一般的老师是事先把讲课的 PPT 准备好，把“演讲”看作是一场“演出”，是按照预设的剧本去演出，要是让学员随便提问的话，“剧本”里没有答案，他就不知道怎么回答了。必须先有了答案，然后再安排“演员”来提问。

在这里，我们是真正的现场对答，你要问什么问题，我不知道；我怎么回答，你也不知道。这对双方都是一个考验，充满了未知与原创性。从实际效果看，这是我们的课程中比较受欢迎的环节。因为我们这个问答是完全开放的，修行方面的任何问题你都可以问，包括不同宗教的问题都可以问；我必须能够真正面对问题本身做出即兴反应，而不是以一个现成的答案来应对。

我记得曾经有一个学员说，他到处去听课，听了很多课，我讲的理论他也不觉得新鲜，但晚上的提问倒是让他颇有收获，希望大家今天晚上也都有收获。

大家自己举手提问，你修行当中的问题，你听课有不理解的问题，还有你人生的一些重要的困惑，等等，都可以问。但是最好不要问那种纯粹的理论问题、哲学问题，那只是你头脑想的问题，并不是你真实的问题。不是我没法回答你的问题，而是回答这样的问题没什么意义，哲学的思考是无穷无尽的，解答完一个问题，你又会有许多新的问题。针尖上有几个天使？上帝是否存在，怎么证明？是鸡生蛋还是蛋生鸡？这些问题是没什么意义的，只是戏论而已。问那些切身的问题，跟你的内心有关系的问题。

问：此前您的书我基本上都看过，包括我父亲，他这次虽没有来，但是我们整个家庭都因为您而受益。看完之后，包括我看元音老人讲的一些书，我觉得您对明心见性讲得很透彻，我感觉你们好像觉得这件事情并不难。有时候我不知道自己是不是见到了这个东西，就像刚才您在课堂多次说“啪”一下，背后这个是什么？我不知道我见没见到，但是我又发现好像这个东西显得很难，有时候看一些丹道的书，就觉得好难，要通过好多层次。我不知道明心见性这件事情是不是这么难获得，请老师指点。

答：这个问题确实很重要，也很有意义。这个事情如果我说很难，就会把一些人吓住，就觉得好像高不可攀，是一个非常神秘的东西；我要说很容易，大家又以为是很简单的事情，产生轻慢之心。这里面是很微妙的，不能简单地说是“易”或“难”，这里面确实有不同的层次。

首先，我们讲它容易的一方面。我们讲明心见性，是见你本有之性，悟心本空，本来没有什么挂碍，当下即是，这有什么难？这是你自己家里的东西，你不是要去天边找一个东西，也不需要创造一个东西，只需要找到或显现它，体验到你的本来面目，就是没有任何波浪起伏，没有任何思维增减的心性的本来的样子、平常的样子、如如的样子，这个当下可证，所以要树立信心，这是讲它容易的方面。

那么这么简单的事情，为什么又变成难事了呢？这是因为我们的业力，因为我们头脑的习惯，我们向外追寻、向外抓取的这种惯性的力量非常之大。这个清楚明白的东西你看不见，回不来，而且也抓不住。你说你也体验到空空冥冥的灵明自性，也知道一点，但这个知道是很浅的，一闪而过，在平时的生活当中，你做主的是什么？还是你的分别心，是识神做主，是这个无穷无尽的业力，一直在后面控制着你，你没法随时随地清清楚楚地了悟自己的本来面目。

所以要应机说法，要根据你的情况，灵活掌握。如果一下子说很难，就把你给吓跑了。你会说："我没那么高的根器，我也不指望这个了，我就锻炼锻炼身体得了。"这种见地，你修行就不够格，你没有这种志向了。但是你以为很简单，稍有体会你就说："我开悟了，我是大师了，是觉者了。"那又开玩笑了，你离觉者还差十万八千里。严格地讲，一般所谓的明心见性也好，体验到自性也好，那里面是有很多不同的水平、层次的，这并不是说开悟的境界本身有不同、有层次，而是我们对这个境界的认识、把握以及相续的能力，这里面的层次非常多。你的认知本身有深有浅，有彻底有不彻底，这是一个问题；认识到了能不能保住，能不能相续，能不能体现到生活中，这就要转化业力，转化到什么程度，这又是一个问题。这里面的不同层次，就体现出整个修道的过程。

“见道”只是修行的起点，只是刚刚开始入正轨而已。未见道之前，我们修行就像一只迷头的苍蝇，是乱撞的，不知道修行是怎么回事。你见了道之后，知道人有本性，对灵明自性已经体验到了，你就知道这个方向是在哪里，只不过现在还有一个怎么样克服自己的惯性，慢慢能够把它记住的问题，要“记得自己”。观虚斋教学对整个修行的生命奥秘，用三句话来概括：第一是“认识自己”；第二是“记得自己”；第三是“成为自己”。认识自己是“见道”，记得自己是“修道”，成为自己是“成道”，见道、修道和成道，代表了“见、修、证”，代表了“因、道、果”，整个菩萨道，整个修行的次第都包含在里面了。

你证悟到什么程度？你业力消到什么程度？你对自性的认知到什么程度？相续到什么程度？白天能做主，晚上能不能做主？活着能做主，死了能不能做主？这个自性是不是一直都在？觉性是不是一直常在？这里面的修道境界就有差别。

当我把整个的地图都给你讲一遍，你就知道整个的图景，就不会偏于“难”或“易”的一面了。讲难，那是难于上青天；讲易，当下即是，本自具足。要把握难易的辩证法，既不要太乐观，也不要太悲观。以为修行是特别特别难的事情，开悟永远都不可能，这种悲观的态度就使你对修行敬而远之。你要是特别乐观，觉得开悟是小菜一碟，好简单，那就麻烦了，你就是“狂禅”。所谓的狂禅，就是似是而非，自欺欺人。你也许有一点点体会，然后就自以为是大师了，自以为就是成道了，自以为是佛了，然后把一点点见地的东西，就当成证量了，差之毫厘，谬以千里，“见地”和“证量”之间是相差很远的。

你“见”到一个东西，不等于“证”到一个东西。证，本身也还有深浅。我有一首偈子：“悟道无阶次，行证有浅深；悄然齐法界，何必问前程。”“悟道无阶次，行证有浅深”，悟道，道本身是没有阶次的，要么悟了，要么没悟，不是今天悟了一个道，明天又悟了一个道；但行证是有浅有深的，你对悟道境界的熟悉与把握的程度，你相续与保任的程度，是有很大的区别的。“悄然齐法界，何必问前程”，但对于行者而言，不必去计较“果”上的得失，只需要注重“因”上的耕耘，随时随地进入法界一体的大道。

问：我看见您微信公众号里面提到过肯威尔伯的理论，他的意识光谱理论对诸意识层次做了整合；今天听您分享“老和尚和小和尚”的故事，您提到觉悟意识没有大和小的分别。我有个小困惑，就是说从修行这个层面上是如此，但我们在世间行走的时候，要如何处理一些关系？比如像儒家的知识体系讲究人伦秩序，其实还是有很多的分别在里面，告诉你要这样、要那样。我就想问一下我们在教育孩子的时候，是彻底让孩子这样成为他自己，不管这个孩子，说孩子他自己知道会怎样去成长；还是说我需要给孩子做一些人格的构建，告诉他一些我的重要的人生经验？

答：这个问题也很好。厘清不同的层次与分际很重要，在达到这种圆融无碍的境界之前，还是要注意区别对待不同层次的行为模式，不能把绝对的道理用在相对的生活当中，混淆了它们之间不同的语境。肯威尔伯的理论其最大的特色，就是建立了一个全象限的、从低到高贯通东西方思想的一个光谱式的认知模型，可以把不同层级的事情说清楚，不混为一谈。这在认知层面上，我们是非常欣赏的，他给了我们一个整合的理论。

回到你现实的问题上来讲。比如说老和尚与小和尚的故事中的“苹果大小”的问题，它也是有特定的语境的。因为故事中的两个主角都是学佛修法的人，如果还停留在这种人伦、秩序、礼貌的人格层面，那一看就是不靠谱的，就谈不上修行的本质层面。你修了半天，还要计较大苹果、小苹果，这还成何体统？

那么我们修行人在现实生活中要不要人伦秩序？不是说一个修行人就不需要尊老爱幼，就没大没小了，不讲辈分，不讲礼貌，不是这个意思。对一个修行人来说，他在这个世界上生活，他会尊重这个世间的人伦秩序。天是天，地是地，大是大，小是小，不能说就没有大、小的分别了。你见了叔叔，就要喊叔叔，你不能说大人、小孩没有分别，这是不对的。所以，儒家的人伦秩序，它的语境是要在我们现实生活当中有所规范，构建一种和谐的人伦、人际关系，这是它的用途。

但是，如果要讲到修道、悟道的时候，儒家也有“向上一着”，它也不会让你停留在这种人格、关系的层面，所以才有程朱、陆王之争，才有“次第”和“无次第”的不同路径。如果是过于强调这种阶级或者辈分、次序的差别，那是达不到这个形而上的“道”的境界的。孔子其实也知道，人是有不同根性的。对一般人，就要讲一般的道理，对上根的人就要讲上等法，所以“性命与天道，不可得而闻也”。孔子讲性命、天道的时候很少，一般的学生听不到这种高级的教导。真到了悟道的境界，就不能一天到晚讲人伦次序这些东西了，就要超越人格化的层面；当然这不是排斥人伦，而是要向上超越。这种尊卑大小的“名分”，本身是为了社会现实生活的需要而建构的，从心理的层次来讲，肯定是打破这个东西，才能领悟一体之道境。打破之后，是为了超越，超越的境界是不会与世间伦常相对立的，它又回归到人伦日常之中，就是“极高明而道中庸”。“极高明”就是无差别的超越境界，“道中庸”就要尊重差异，合乎伦常。你不能跟俗人讲无差别，你讲了以后，非但没有效果，别人还会说你有毛病。

再回到你问的有关孩子的教育上来。让孩子成为他自己，是不是就不要去管他？孩子是需要父母的引导和教育的，你让他成为他自己，就是说你要允许他成为他自己，不能以自己的意志去强求孩子按照你的期望去发展。但是，为了让孩子更好地成为他自己，你是有引导、教育的责任的。孩子不知道成为他自己是什么意思，你让他成为自己，他也不知道要干什么，他想干什么坏事，也是成为自己吗？要成为自己，小孩子是需要引导的。首先大人应该更好地理解，每个生命都要成为自己，这样你要知道孩子的天性是什么，你尊重他的天性，让他按照他生命的天性去成长。你期望孩子做个音乐家，但孩子不是学钢琴的料，你就不能勉强他去学钢琴，这就是让他成为自己。不是让孩子胡作非为，你不管他，这样子让他成为自己，肯定是行不通的。很多事情是需要去理解它的分际，不能混淆了。

从方法论上来讲，没有任何一个概念或命题是绝对成立的，有对就有错，一说出来就有局限。所以任何一个陈述，必须放在它的语境当中，放到语言的背景当中去了解它的意义。如果不这样去理解的话，那就是“鸡同鸭讲”，两个人是永远扯不清楚的。你说的是A，他理解成B；你说无分别，他说怎么会没有分别？这样是扯不清的。有分别归到有分别，无分别归到无分别；次序归次序，无次序归到无次序……把这个不同层级的事情理清楚，安排在一个统一的光谱模型中，这是肯威尔伯的主要的贡献。

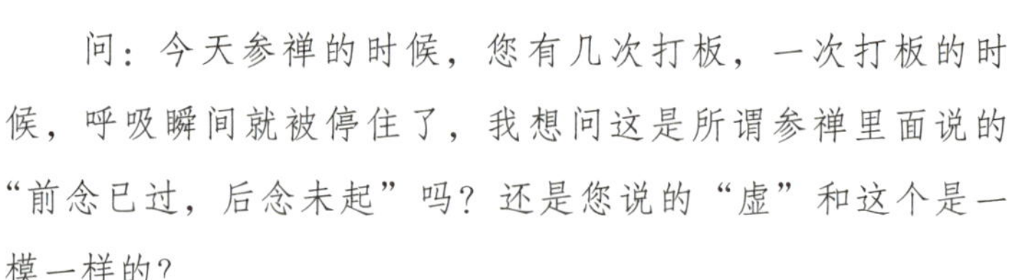
问：今天参禅的时候，您有几次打板，一次打板的时候，呼吸瞬间就被停住了，我想问这是所谓参禅里面说的“前念已过，后念未起”吗？还是您说的“虚”和这个是一模一样的？

答：有的时候我会大喝一声，拍一下禅板或敲一下棒子，这都是一种方便。我们的思想之流、妄念之流是很难断的，像流水一样念念不绝，当突然来一个外来的刺激，在一瞬间它能“截断众流”，把这整个的链条“啪”的打断，这个时候就是一个进入灵明自性的入口。过去没有了，现在没有了，将来没有了，啪！这个时候是一个入口。这个本身不是明心见性，但是它是明心见性的入口，你在这个状态当中，有可能觉性显现，当下认知觉性，这种对觉性的认知，觉性自显的清醒、明白才是觉悟，而不是“蒙”的状态，那是糊涂，蒙头转向不知道怎么回事。你以为是开悟了，那是糊涂了，在这个状态当中没有了妄想之后，有一个清楚的觉性呈现出来，而且你自己非常明白，这种明白是一种澄明，是一种自明，不是A明白了B，不是主体明白客体，而是主体自身的澄明。自性之光、意识之光自我照亮，所以叫自觉，自己觉知自己。

问：下午站桩的时候，我发现状态好的时候，手会不由自主地动，我是让它动还是不让它动？

答：这个不要管它。你随它去，除非你旁边有人，会影响别人；不影响别人情况下，你不要管它，你只管练功，其他的让它去。因为它是个气机的自然运动，是自然反应，不要去控制它。不要自己主动去做什么动作，要完全自然，在自然的情况下让身体流动。

问：您今天讲“我是谁”的时候，我看到讲义上用英语表示的这一段，您没解释。英语写的“I＝真我”，然后“I’m that＝自我”，为什么是“I am that”？

答：我没讲英文，但是我用中文讲了这个意思。我是什么，后面的“什么”这里用“that”代表，我讲中文的表达式时用的是“X”，更准确一点。that是“那个东西”，有时候也可以表示那个形上的本体，“我即是那”，这就与我这里讲的不是一个层次了。这里，“that”就相当于“X”，就是一个代号，X可以代表任何东西，你可以填空，填进去什么，就是一个什么样的自我。我是肉体，就是肉体我；我是灵魂，就是灵魂我；我是宇宙，就是宇宙我。我是什么，就是一个什么样的我，这都是在自我的层次。把这个“X”去掉以后，回到我是（I'm），I'm 再去掉 am 或者 I，就变成 Being 或者纯粹的 I，就是那个大写的我（大我），只有 I，但是没有后面的“是什么”，只有纯粹的主体，是没有主客对待的“绝待主体”。用哲学的语言来讲，悟什么？悟绝待主体，没有二元对立，没有任何我执与障碍，是非二元的纯粹意识、纯粹的我、纯粹的主体。

问：今天下午说到了无常，我就想一个问题，谁也不知道无常哪一天到来，如果当下真生死现前了，我们的功力还不够，该抓住的是什么呢？

答：认识到无常之后，就不去“抓”任何东西，而只管此刻的明白。你想抓住什么，本身就是对无常的一个控制，无常是没法控制的。你说无常不知道它什么时候来，其实无常是一直都在，不是说无常何时来的问题，一切本身就是无常的。你这里是说生死的无常，死亡不知什么时候来，当面临生死之际的时候，怎么面对？在无常的世界里面，我们唯一依靠的就是自己的觉性、真心，它是对无常的观照。世界在变幻，我在变幻的世界当中，我看见它变幻，而不被它带走。每一刻都是生死之际，只有活着的时候能保持清醒，死亡的时候才可能清醒。所以还是我说的，要“真心常在，不随境转；灵明自性，常如太虚”。

问：老师好！今天下午站完桩之后，这种站桩的状态一直出不来，一直到下节课开始。如果不是您一直在讲要回到当下，我可能还在那种状态里边，但是也知道自己要上厕所，要干什么还都知道，但是那个状态还是在那里。这种感觉是怎么回事？

答：你说这种状态出不来，首先要看这个状态是什么。如果你一直在一种觉醒的、清醒的状态当中，对外界不去分别它，但是你很清楚，很了知，这是好事情，说明你功态相续。我们就是要把这种状态带到生活里面去，你走路也好，上厕所也好，你都是这样觉知的，清清楚楚，跟练功似的没什么差别，那很好。但是如果你是在某种特殊的状态，不能够在现实中正常生活，是某种奇怪的状态出不来了，那就要清醒过来，回归正常的状态。如果是前面讲的那种清醒的状态，那这就是我们修行的目标，你为什么要出来呢？一直清醒，不挺好，我们就是要不昏睡啊！

问：平时在听经的时候，我听到一句话就是“过河需用筏，到岸不需舟”这句话，这个“筏”，我想问一下，六祖慧能他当时到彼岸，他的“筏”又是什么呢？

答：先讲一下“到岸不需舟”的问题。我们修行要到彼岸也是一个比喻，其实不是从“这里”到“那里”的，真正的觉悟，没有这里、那里。所谓的彼岸，并不在别的地方，而是此岸的真相、真实，就是彼岸。因为有此岸，所以才有彼岸；因为有迷，所以有悟，所以勉强来讲，把从迷到悟，称为从此岸到彼岸。在迷当中如何去悟？如果你根基够了，就不需要方法，直接就悟了；

那么根基不够，肯定要有方法，要有一种方便，这就是从此岸到彼岸的过河之“筏”。真到了彼岸，就没有此岸、彼岸之分了，悟了就没有对待，当然就不需要筏了。

没有悟之前，你需要去听闻佛法，需要找一个方法去修，去慢慢地为悟创造条件和机缘。所有学习的过程都是广义的“筏”，你要来听课，来修行，都是找一种方便，慢慢突破自己的障碍，让自己的本性显现出来。所有的求法、修炼，各种法门都是属于“筏”的范畴。你学这个东西，修这个东西，目的就是觉悟；那觉悟了，当然就不需要这些。觉悟了，还老背着这个东西，那说明你没真觉悟，觉悟了，这个东西超越了，超越这些手段、方便、法门……都超越了。

具体到六祖，你说六祖有没有他的“筏”呢？当然有啊！六祖为什么要找五祖？如果他不需要筏，他为什么去找五祖？他去找五祖，就是去找“筏”去了。听五祖开示之后言下大悟，五祖的开示也是“筏”。而当六祖开悟之后，他就说：“迷时师度，悟时自度。”他就不再需要“筏”了，当然他可以设计许多“筏”，去方便度众生了。

问：六祖见五祖是求印证吗？

答：求印证，这也是一种“筏”，他本身还是不自信，才需要印证。六祖前面听到《金刚经》“应无住而生其心”时，就有所悟，那只是一个浅层次的初步的明白。我刚才讲了，悟有很多不同的阶段、层次，如果那个时候他就大彻大悟了，他何必去找五祖呢？说明他还是需要“筏”的。他去找五祖，也不是说五祖就没有给他讲过法，他们一起待了几年，肯定是有点化的，包括后来五祖半夜给他传法，怎么会没有“筏”呢？这些悟道的过程都属于“筏”的一部分。等六祖真正明白的时候，他才说“迷时师度，悟时自度”，自己不再需要师了。这就是真正的智慧，要有“超师之见”！真正的禅师，他是希望学生超越老师，希望你有一天把我彻底丢掉，不再需要我。如果你还一天到晚依赖我，那我这个老师没做好，没把你教出来。所以希望你们每一个人将来都把我给忘掉，不再需要我这个拐杖。“戈老师那一套，早都明白了”，你自己就很自信，你不再需要“筏”了。当然，不需要“筏”之后，你也别从此就不理我啊！还是可以有感恩之心，我曾经是你的“筏”，这一份尊师之情是永在的。

问：老师今天也说到“天人合一”，天人合一就可以合道了，那就相当于“得救”了。我想明白，万法归一，最后这个一归何处？在现实生活中，静态层面已经回到动态层面，这种练功的状态应该如何来把握？

答：首先讲一下天人合一。我今天只是稍微提了一下这个概念，其实天人合一是整个中国文化或者中国哲学儒释道三家共同的归趣，也是所有宗教的归趣。这个天人合一可以用不同的语言来表达，但是它核心的东西是一样的。

有的人会说，佛家是讲“空”，没有讲什么天人合一，讲合一是不究竟的。很多人会有这种观点，说你有个“天”，有个

"人"，这就有"二"了，有了"二"再把它"合一"，这好像曲折了，似乎是不对的。这里就有概念分析的问题，不同的语言表达之间有不同的语境，不能混为一谈。天人合一或者道家讲的与道合一，跟佛家讲的空性不矛盾，本质是一样的，这是两种表述方式。讲无我，讲空性，是从否定方面来讲，就是把我执，把这个"我"去掉之后，就直接回到天人合一的境界里面去了。天人合一，是从正面来讲这个境界是什么，是一种天人合一的境界。讲天人合一，不意味着有一个"天"与"人"之间的二元对立，恰恰是要进入非二元的状态，才叫"合一"。所以"合一"跟"非二元"之间，也是两种表达的语言而已，不是矛盾的。佛家讲空性，也不是什么都没有，在缘起现象上，也是有"天"有"人"的；进入空性，就破除了"天人之隔"，这就是"天人合一"。

佛教、道教乃至不同的宗教之间，常常在这些名相之间争来争去，其实要如实去了解每一个概念，它是从哪个角度来讲的。讲天人合一，是没什么问题的。当然天人合一的概念，有点大而化之，它到底指什么，合一到什么程度？这里面又有很多问题。类似地，回到神的怀抱，与神合一，到底是什么意思？不同的人有不同的理解。有的人糊里糊涂地认为我打坐了，静下来了，就合一了。还是有不同的层次，要精确地来讲，天人合一本身又有不同的意义，婴儿状态下的天人合一，显然不同于觉悟境界的天人合一。这里我们就不去仔细讲合一的不同层次，再讲下后面的问题，就是一归何处？如何在生活中回到这个"一"？

一归何处？还是归到你的真心自性上来。从理论上讲是道、法性，就是性体，这都是客观上来讲的；从修行的主观面上来讲，就是归到你的觉性上来。“性通于道”，主观面讲的觉性实质上就是客观面讲的法性，两者是“一”，不可能是“二”。各种宗教的说法不同，但万法归一，最后必归至此圆满无二之诸法实相上来。回到你刚才讲的动和静的关系上来，那个能动能静者、非动非静者，那个就是“一”。不是说动有一个“一”，要归于此个“一”；静又有一个“一”，要归到这个“一”。不管是动还是静，如如不动的自性、觉性就是那个“一”，一则无二，不可能有两个一。动也了知动，静也了知静，能知动知静而不被动静所转移者，是谁？要把这个问题搞清楚。

问：就是说“一”还是不一样的？

答：这是个概念层级的问题，当你说万法归一，“归一”之“一”，这个概念就是说你要回到一个中心，这个终极实相是“一”，你不能说有不同。而说“天人合一”的境界，这个“合一”从你修行的境界上讲，是有程度差别的。从修行上来讲，回到觉性中心上来，不随境转，回归自性，这个方向是一样的；但从方法上你怎么做，做到什么程度，都是千差万别的。

问：怎么样把握住自己？

答：你要自己去参悟，你的觉性是什么？然后不断地回到觉性，这就是进入天人合一的现实的方法。

问：我有一个小困惑，刚才上站桩课的时候，眼泪一直在流，止不住地流，直到您一直说回到当下，回来之后才停下来，这是为什么？我不知道是悲还是喜，什么感觉都不知道，所以我不明白。

答：不知道，就还它一个不知道。为什么要知道呢？流泪，就让它流，它一定是有原因的，但是这个原因不需要去了解得很清楚。它是你自己的生命在自我调整，是一种感应和一个自我清洗、清理的过程。所以要庆祝地接纳一切，不要把它变成问题。流点儿眼泪，不也挺好吗？这也是一种净化，是心灵净化的一个过程，不要把它当成问题。

问：戈师好！我觉得您的实修跟理论是结合得比较好的，我想问一下理论和实修进展下去，能达到什么样的觉的境界？我刚才在站桩时也很有感觉，开始脚是蹲下去，很自然地放下去，然后感觉身体也往下坠，突然有股力量，感觉到头上在收。我想请教，像您在大学站桩的时候，有较大的体会，让您进入到哲学的探求道路，进入那个境界里面去，我很想听一下您站桩时的亲身体会。

答：你刚才讲的站桩的一些身体上的反应，都是自然而然的，正常的，也都不要把它当成问题。我们要一直关心的是，我们的主题是什么？不管是站桩还是静坐，身体有各种各样的反应，都是正常的；但是那个不是我们关注的对象，我们是要超越身体的关注而回到我们要追寻的那个状态。那个状态是什么？比如站桩，我们讲了最后就要天人合一，要归到这里来；在此之前有几个过程，首先是要神气两者交合，阴阳合一，身心达到一种交媾、平衡的状态。身心交媾在一起，它就会有一种能量，让你的心自然而然的达到一种静心的状态，这也是道家的一个特殊的方便。因为心向外走，有时候管不住；能量向下流，也管不住，所以你要把这两者扭转局面，让自己的神光下来，让能量往上与之交汇。平时你的精神意识像火一样是往上走的，能量则像水一样往下流，你让神火下来，把这个“火”放在“水”下面去，在炉子下面生火，水就转化成蒸汽，这样就是“炼精化气”，“精”之水就升华为“气”，自然就发生很多身体的变化。这里面有很多的原理，但是我们修炼不是去管这个，而是进入身心合一之后，就在合一的状态当中定下来，再进一步回到天人合一的状态当中去。在天人合一的状态当中，也就是灵明自性呈现的时候，性通于道，这就是天人合一的境界，跟你明心见性的境界是一个东西。

说到底还是要回到根本的灵性的问题，就是我是谁？生命的这种本质的存在状态是什么？要抓到这个主线，我们才是真正的修行。否则的话就只是练气功，注重有什么感应，哪个气脉在动，这都是一种“世间法”，不是“解脱法”。今天这里动，明天那里动，动来动去，跟俗人没什么区别，俗人不练功也会有这个动、那个动的。不要去追寻那个气脉动的感觉，但也不是说“动”不好，有各种各样的感应是正常的，这说明练功有效果了。不是说它不好，它不是坏事，但是不要一天到晚纠缠在这里面。

接纳它，允许它，把它看作正常反应，然后直奔主题，去追问灵性的奥秘，找到我是谁。

问：您刚才讲开悟难起来很难，简单起来也很简单，我觉得从客观上讲，开悟的人毕竟是少数，我理解应该是挺难的。我感觉我的根器可能比较弱，在这种情况之下，如果我开不了悟，或者我所谓的开悟，也只是灵光一闪，无法像您说的要一直保持清醒的状态；那么我这样忙忙碌碌地修炼，对我将来的生命会有提升吗？

答：你这个问题很重要。很多人都关心，修行的成果到底是什么？就是开悟吗？如果开悟不了，我是不是就白修了，就没有意义了？既然我们来修行，就要有一个远大的志向，要有愿力，不要先把自己限定了，你不要认为自己根器不好，直接把这个概念去掉。我告诉你，自性本自具足，谁都有可能觉悟，对吧？先保留这种开放的可能性去修，一开始就下结论，我没有希望开悟，那修起来多么悲观，一天到晚修行都没有多大指望了。

讲到“难”的一面，是讲彻底的觉悟，在人成佛的过程当中，客观地讲是有不同的层次的，整个修行是一个攀登菩提道的登山之旅，甚至不是这一生一世的事情，所以才需要发菩提心。它不仅是这一生的事，它是要贯穿到你所有的生命状态中去，不达觉悟，决不罢休。这一生没修好，接着再干；而这一世无论你修到什么程度，只要是走在智慧的道路上，你修行的成果是可以保留下去的。你这一生下的功夫，在你的下一世会继续，你再修就会有基础了。就像上大学，学了本科，再学硕士，学博士，你这一世已经学到本科毕业了，下次接着读研究生就行了。最终我们都要拿博士学位，都要拿到这个成果。你不能说我这一辈子读不了博士，就放弃，连本科也不读了。所以，修行一定要有这种远大的理想，再结合你的现实，做脚踏实地的努力，尽量追求最好的结果，但是也不执着结果。

我们修行的心态应当是什么样的呢？要把它当作一种优雅的登山之旅，我在登菩提之山，一路看见无限的风光，一路享受旅程的快乐。所以我说过："家园在道路上，解脱在当下里"，一念万年，把这个时间相破掉，不要去管那么多，回到当下的觉醒当中来。当下修行，当下受用，当下解脱。这个成果既是当下可以受用的，同时也是可以相续的，你做的功夫是功不唐捐的。如果说我这一生修行开不了悟，就白修了，可能大多数人就不想修行了，反正是没有意义的。但是，正如我今天下午所讲的内在工作和外在工作那样，修行的内在工作是人生的根本意义之所在，是你要去成长自己的内在素质，得到人生的精神成长，是每个人都要修的。无论修得好坏，修得多少成果，你都得修，只有修行，你的人生才会有意义，才会找到真正的快乐、真正的法喜！

每个修行人都要有这种觉醒的、觉悟的目标，但是又不执着于这个目标，而回归当下的受用。执着目标本身就制造了修行的焦虑，所以这里面就要把握中道，不要过分，不走极端。我是不主张极端的行为，比如有的人说，我就下定决心，要在七天之内破生死关，不成道我就不出关。你要感觉自己有没有到这个分量，不是随便一个人七天关起来，就能解决问题的，你逼死自己了也没用，何必去搞这个东西，还是要量力而行。当然，他要真能下这个决心，说明已经有这个条件了，没有条件也下不了这个决心，有的祖师有这个气魄，那另当别论了。但大多数人是不能强求的，不能说我闭关三个月，就想要能够在空中飞行；你闭关三个月后从山上飞下来，然后摔死了。

我提倡一种游戏的、庆祝的心态，你在旅游登山，一路享受这个过程，成不了佛也挺好，做一个喜悦自在的人就好。成了佛以后，山顶上的风光还不一定舒服，高处不胜寒啊！你在哪个地方就享受哪里的风景，像我这样半瓶水也挺好，挺快乐，不一定要执着成佛，但是还是要发成佛之愿，这个愿是让你能一直走在菩提道上，不偏离轨道。我的目标是登上山顶，但又享受每一步的风景，每一个当下都是值得庆祝的。觉悟在当下，当下就有受用，以这样的心态去修行。

问：还有一个修行方法的问题。我听有的人讲，静坐最好是先要练动功，直接静坐，可能身体各方面还不行。我的理解就是戈老师您是属于根基非常深的，从大学一站就进入状态；我感觉我要直接静坐或站桩有点困难，是不是要结合一些其他的运动，比如先练动功的太极拳，然后再采取这种站桩的方式，才能够更好地进入到这种状态？

答：静坐和站桩只是两种不同的练功姿势，但是我们强调的是，掌握这种修行的原理、道路和方法更重要，这种方法是要贯彻到生活当中去，这是更广义的修行。静坐、站桩只是体验这种方法的一个专门的训练的途径，这是第一点。

第二点，静坐和站桩，如果你坚持下去，每个人都会有收获，都能够有受用。它都有一个过程，转化自己、突破自己都需要一个过程，不可能一开始就有很大的体会，但是关键是坚持下去。你讲的那个情形，先练习一些动功也是可以的，每个人都可以找到一些适合自己的途径。广义的修行，它具有无限的可能性。同样是静坐，你到底怎么修，这个静坐本身也是有很多方法，你要找适合你的方法。同样是站桩，到底怎么站，用什么方法站，用什么心法，也是无穷无尽的。

每个人都有可能找到一些适合自己的方法。比如说有的人可能就适合跳舞，有一种苏菲的旋转舞，进入纯粹的舞蹈，没有舞者，把自我给无掉了，只留下舞蹈。有的人可能适合唱歌，纯粹地唱歌。纯粹的唱歌不叫“唱歌”，而是“歌唱”，是歌自己在唱，没有唱歌的人。有时候我们是很费劲地想唱一首歌，为了表演给人听，那很麻烦；有一种是从心里流露出来，歌声自然地响起，这种歌唱才是我们要找的状态。进入这种完全的歌唱状态，就是一种发自内心的自由流露，它也是一种功态。很多艺术，比如书法、绘画，都可以作为入道之门，是进入静心的门户、门径。

还有一种叫“动态静心法”，是奥修发明的。静心之前先要发泄，每个人内心的垃圾太多，把那个发泄完了，再静心，这是奥修的一个很大的发明。很多现代人静心，你让他直接坐在这里，就是一团乱麻，心里面乱七八糟，怎么可能静呢？动态静心45分钟里面，前面有一个发泄的过程，在最后10分钟才停止一切动作，完全放开，让一切如是，真正的静心才开始了。动到极点之后，啪！让你松下来，一切放下，反而是静心的。那也是对现代人很有用的一个方法。

我讲的是比较传统的、正宗的方法。从长远来讲，这相当于长线投资，是正宗的；其余属于短线，可以玩一玩，有时候借用一下，但最后你还得回到静坐、站桩上来，进入这种宁静、纯粹的存在状态。动态静心前面动态的发泄过程，不是静心，它是为静心创造条件。为静心创造条件的方法，可以有很多种，在静心的前行阶段有很多方便，你可以找到你自己的方法。如果你发现跑步，跑着跑着就静下来了，越跑越舒服，那么你从跑步上也可以进入这个静心状态。为静心做准备的阶段，需要有各种各样的具体的法门，每个人可能都会找到一些适合自己的法门。

问：老师您好！今天打坐和站桩的时候，我的肩膀、脖子特别疼，这是不是说明我身体这些地方是有问题的？如果这样坚持下去，有没有什么方法可以慢慢改善这种状况？

答：首先要检查一下你的姿势有没有摆正，如果不是因为姿势的原因，可能是因为你身体里面本身有一些障碍，有一些纠结，就是气脉不通的地方，通过站桩或静坐让它呈现出来了，不是因为静坐、站桩导致它痛的，而是这个里面本来有问题，在站桩、静坐当中你才注意到，你才更加明显地感觉到它。这个时候你只要真正按照正确的方法坚持下去，它会有一种自我调整的作用，自然会纠正身体上的一些病痛。只要大家坚持站桩，身体的自我修复能力是很强的。通过自我生命的修复，进入这种宁静的状态，达到天人合一，吸收宇宙能量，这种自我疗愈是一种养生之道。所以从身心健康上来讲，静心、修行也是重要的。

问：您今天讲到人格和本质，如果拨开其他的社会关系，把自己单独来看的话，本质和人格的区分还是比较容易理解的。但是我现在比较困惑的是一些亲情的处理，比如说我有一个小孩，我觉得作为妈妈，我有一种责任和爱；包括对父母，也有这种责任，我与亲人的关系是怎么界定呢？是把它看作内在的部分，还是外在的部分？怎么去认知这种关系，然后才能比较好地处理生活中发生的各种事情。

答：这个时候所谓的本质就是你自身的状态，你处理各种关系的能力，处理关系的认知，这些都属于你自身的素质问题。你怎么样去处理？包括你与亲人的关系，这属于人格层面的表现，但还是以内在的素质为基础。你要做一个好妈妈，首先要提升自己的能力，不能情绪化，不能用自己的情绪管孩子，你要有智慧的观照。你提升自己，这是内在发展。有了这种内在的发展之后，你会更好地处理母子关系或者其他的关系，这些关系不是排斥，也不是对立，而是要用智慧去解决它。所以，本质与人格两个层面要协调发展，要把两者的关系理顺，它们不是矛盾的关系。

问：刚才您提到修行的方法，可有其他适合自己的方便法门，是不是可以说得更广一点，就是三百六十行，每一行都可能有真正的觉者，像佛陀、老子这样的人？从修行上怎么理解“三百六十行，行行出状元”？

答：“三百六十行，行行出状元”，那可不可以说“三百六十行，行行出觉者”？这从可能性上来说，一点问题都没有，是完全可能的。但是有这个可能性，不一定就现实中一定有，不是说每一行事实上都有觉者出现。因为觉者本来就少，属于凤毛麟角，每一行都有觉者，是不太现实的。从逻辑关系上是这样的：你不能说从事某一行的人，就一定成不了佛；但是你不能说从事这一行的人，就一定有成佛的人。

问：也就是说他这一行是可以修道的，不一定要专门去修；当然专门去修的人，可能更容易成功，因为他修行的主体意识很强，而在他那一行里面首先成为状元已经很难了，而某一行的状元再要有觉悟，更是难上加难。但是我自己认为还是有觉者的，比如医者到最后谈到觉悟的医术，医生成为觉者。

答：我刚才讲的是一个普遍的可能性，就是行行都有可能；但是回到现实当中来，还是各行各业有所不同，有的行业可能性大一点，有的可能性更小一点。另外还有一个概念，就是你讲的行行出状元，也可能是通过这一行本身的修行来成佛。我前面讲的是干这一行的人也有可能成佛，但是他并不一定是通过这一行来修行的，这是两个概念。比如说一个舞者、舞蹈家，干她这一行也可以成佛；另外，她作为舞蹈家，她直接通过舞蹈的修行来成佛，音乐家可以通过音乐的修行成佛。这是两层意思。

所以这一点我要澄清一下。我开始讲的行行出状元，行行都有可能出觉者，是说修行与他的职业关系不大，只要他真正进行内在的探寻，他都有可能觉悟；但我不是说不管从事哪一个行业，通过这个行业本身的修为最后就能自然地达到觉悟。这个我是不认同的。不是说你光唱歌，唱到最高境界，也能成佛；光跳舞，跳到最高境界，也能成佛，不是说舞蹈的最高境界跟佛的境界是一样的，不是这个意思。舞蹈作为一种专门修行的方法，与作为艺术的舞蹈，也是不同的层次。一个觉者可以发明一种舞蹈修行的方法，但作为一个艺术家纯粹舞蹈是达不到觉者的境界的。每一行都有它的局限性，最终是否觉悟，只跟你有没有回归真性，有没有真正开发你的觉性有关，与干哪一行关系不大；但也不是说你干某一行的工作，干到极致就能成佛。要觉悟还是需要一个相对专业的修行，但你可以把专业的修行与某一行的工作结合起来。你是舞者，你可以通过舞蹈来修行，最后还是经过专门的修行而成佛，不是通过跳舞来成佛的。

但有的人就认为，艺术创造的最高境界，就是佛的境界，这是非常笼统的、不准确的说法。你是书法家，书法写得再好，你也不能说是不用修行，写字就写成佛了，那是不可能的。但是你说艺术境界与修道之间有某种相似性或者相通性，那是可以的。书法的那种凝神静气的状态，在某一个瞬间也会有豁然开悟的感觉，这与修行的境界是相通的，但是这毕竟不是开悟。

问：我问一个现实的问题。我一直修观照，我的喉咙这个地方比较紧，有一两年的时间试图解决它，现在一直想超越它，想放下，不管它。像这个情况怎么办？

答：你这个喉咙很紧，我想有两种办法。一种还是继续观照，接受这个现实，就是喉咙紧，你知道它紧，你接受它，不去排斥它。我们最大的问题就是把它当作一个问题，你想让它"不紧"，这本身又在制造一个"紧"；你不要把它当问题，紧就让它紧，让它如是，也不去管它，也不去改变它，你的心尽量不去注意它，你该做什么还做什么。比如说你在观呼吸，就还是观呼吸；你观与宇宙合一，观诸法实相就还是观诸法实相。这个东西就让它存在，不要把它当作障碍，不要把它当作问题，与它和平相处，和当下的现实共处，这样慢慢就达成一种和谐。对不和谐的接纳和观察，本身就是一种和谐；想要去掉不和谐，本身就制造了一种新的障碍。这是一个思路，就是接纳现实，无选择地继续做原来的功夫。另一种就是直接超越。你不是你的身体，何况是你的喉咙；你甚至都不是你的思想，你什么都不是。直接进入超越身体、超越思想、超越念头的纯粹的空间，那里面什么都没有，喉咙都没有，更谈不上喉咙的紧，直接进入空性当中，直接把它放掉，超越掉。这两个方法你选一种，或者你轮流试一下。

问：戈老师好，跟您做个汇报。我不信法，不信佛，也不信道，我就打坐，突然有一天，感觉下座以后，有一段时间能量持续在这里，我就按照那个方法来做，练习培育真气之法，培育了三十天，真气上去了，身心就结合起来了，有一个很大的能量，跟您刚才说的阴阳相交类似。我就是看书，按照书上说的来做，最后能量越做越大，但是我是可以控制的，我也很愉快地接受它。你说这个事是不是有问题？

答：你的情况也跟我多次做过交流，我还是要提醒你，你问的问题或者你关注的东西，基本上老是集中在这一点上，心要打开，要超越它。我今天讲了一天，很多东西都是在不断地提醒你，要去追问灵性的奥秘，你要把心转到这个方面来，你老是放在能量这个层面，我不是说它不好，但不要去太关注这个东西。你现在年纪也很大了，而且感觉你的身体不是特别好，不是说你练功，就有什么能量，那种东西可能是你太过于注意它。我是强调你要进入性功，就是命功和性功要结合，这种身体的体会、感觉不是坏事，但是也不要太在乎。我今天讲了那么多的灵性的东西，你要去听这个东西，要空掉感觉，要放下。你看道家的书看多了，就容易着相，着“身见”了，要把身体放掉。你什么时候把身体忘掉了，只剩下宇宙空间，什么都没有，只剩下一个觉性了，要在那里面找精神的家园，这才是追问灵性的奥秘。所有精气神的变化，一步一步最终还是要炼神还虚，还虚入道，你不还虚，光在那里面有个什么东西在转来转去，那个东西不是道。在还虚的基础上，一切的能量升华都是妙用，但你不着相。

问：我这个能量不是我自己在转的。这个情况是这样的，我现在64岁了，我为什么要学这个东西？因为在20年前，我遇见了一个很重大的事情，就是严重失眠。那几年我基本上知道医生看不好，我发现了这本书，把我治好了。我在2002年以前，身体是不错的，去检查之后，说我高血脂、黏稠，要注意预防。但是我现在可以做到出去玩，身体完全很好的，没什么情况，没什么不好的。

答：你身体怎么样，这是你自己的事情，我也不去判断，但是总而言之，不要太着身体。因为要追寻一种精神的境界，性、命最少要平衡，不要偏在一个方面。你现在整个思路，都是个命功的概念。你在心性方面没有进步，你看看《乐育堂语录》，道家内丹学经典著述。《乐育堂语录》一开头就讲明心见性，讲主人公，你如果这个“本”没有抓住的话，很麻烦的，那后面练来练去，其实没有太大意义。包括你想去做什么实验，想要说服别人，这都是一种我执，是人格层面的执着。别人怎么看你，你怎么看别人，这个东西都没有什么大的意义。要放下，要空掉，要在主人公是谁这个方面多下功夫。你来这里向我学习，主要在这方面要有进步。如果你是想让我来承认你有个什么“丹”啊，这个意义不大，满足一下你的自我对我来说很容易，但我必须说出真理，这才是真正的慈悲。

问：通过这一次参加培训班，听了一天的课，刚才您说了，要性命双修，性命结合起来炼，我听了以后，我会照着做。但是我的命功怎么转为性功，怎么就“啪”的一声明心见性呢？

答：至于性功，我今天已经讲了一天了，讲我是谁等，都是指向那个心性，如果你明白的话，那就是性功的根本。性功和命功是什么关系？黄元吉讲得很清楚，第一步要“先以性立命”，要先找到主人，再来修这个命；第二步是“继以命修性”，然后通过命功的转变，转化后天的色身，更好地为修性打下基础；第三步叫“性命合一”，回归先天的道体，这个时候性命就没有差别了，性命统一了。用见性的先天境界，来做命功的主人，来修命功；那命功修炼的成果，又更好地回到心性里面去，破除了后天的身体的障碍，你这个性功才更圆明；最后性命合一，就回到先天境界。但是这个性命最后都是要超越色身的，所以外层的肉身要向里走，找到它的能量的精华，能量精华就是“炁”，神与炁要结合了，才能修成性命合一的真正的“丹”，它不是命功的一个能量体，而是一个性命合一的智慧体。

问：我做出功夫了，才会有引力，有引力才引领我做到现在这样子，我一直跟着修，修十多年了，才有现在的结果。

答：你这个结果还是身体的一个命功修炼方法，命功修炼的成果也包含有身心阴阳的结合，但你这个不是真正的性命结合。初步的身心结合之后，就相当于完成了第一层次，然后再进入更高层次的性命结合，用内丹学的话说，要从“坎离交”到“乾坤交”。

问：通过今天您教的静功、站桩，我感觉收获很大。如果要放空的话，我很快就可以放空，我这个身体完全可以"站忘"，感觉我一站的时候，整天都是全身无有不通的，全身没有障碍，没有大困扰。我理解它肯定要一步一步地深入，我现在很幸福的感觉也没有，但我就很愉快地接受这个状况。

答：对。所以你还是在注意身体，放空以后，你的觉性并没有常在。你还是从命功来理解这个"空"。你讲的这些都没问题，你接受你自己；但是我是给你向上一着，指引你往上走，不要停留在这个地方。

问：老师您说还要教大家一个睡功的方法，可以给大家介绍一下吗？

答：行、住、坐、卧这四个方面，我们讲了行禅、打坐、站桩，还差一个"卧"（睡功）。睡眠时修行，一般人是没法做到的，睡着了还在修行，这个是矛盾的。要不就没睡着，睡着了还要修行，这个是讲不通的。那么我们讲练睡功，睡着了还在修行，是什么意思呢？实际上就是在睡前，你做了一些功课；做了这些功课之后，它有一种惯性，进入你的潜意识之中，让你在睡眠之中还保留了某种修行的这种惯性、力量。睡醒之后你再有意识地收一下功，整个睡眠过程就相当于在练功了，睡功是这个意思。

千万不要说你这一晚上都在修，然后就不睡觉；或者说你睡觉了还要去观一个什么东西，练个什么功。你睡觉时还能观的话，那就不是睡觉了，那是大菩萨了。首先要讲清楚这个概念，就是所谓的睡功，主要是在睡前怎么做工作，睡之前怎么开功，睡醒之后怎么收功，是这样一个过程。睡觉的这段时间就变成自动练功，这个时候不需要操作什么东西，要操作的是睡觉前这一段和睡醒后这一段。躺在床上准备睡觉之前，拿出五分钟或十分钟，来做一个睡眠之前的静观，让这个静观慢慢深入你的潜意识之中，让整个晚上的睡觉也能进入修行的状态之中。不是说你晚上睡着了还要去修，而是怎么样提醒自己，让修行进入潜意识之中。

睡觉之前做一个姿势的调整，像道家的陈抟老祖一样，有一个非常好的睡功的姿势。右侧卧，把右手放在耳朵太阳穴下面，稍微垫着点；左手放在自己大腿的根部，上面的腿是一百二十度的弯曲，下面这条腿大致是直的，左腿是放在右腿上面。这个姿势会非常舒服，比较容易入静。在睡眠当中肯定姿势还是会动的，其实也没有必要太执着，中间仰卧、侧卧都可以。调整好姿势，然后你做一个观想，你可以观想自己的心间，有一个火球或者像月亮、太阳一样的一个光团，照亮你全身，你就睡在这一片光明之中。这样观想一段时间，当睡意来临了，你就慢慢变成一片光，你与光合一，在一片光明之中入睡就可以了。

醒来之后，第一个念头就是记起昨天晚上练的这个功，回想自己与光合一的那个状态，现在慢慢从这片光明之中回到你的身体，有个收功的意念，把整个光的能量收加到自己的丹田中，然后融化到自己的身体当中去，观想一下自己的四肢，让这股能量通达四肢。如果是半夜醒来，也稍微收一下功，然后接着练一下上面讲的睡功，练完了再睡。如果是早上醒了，那就要比较正式地收一下功了，起床时要全身按摩、拍打一下。你收一下功，就相当于一晚上都在练功了，然后再起床，洗脸，刷牙。洗脸刷牙，就练洗脸刷牙功。

上次在济南讲“修道的基本理论与方法”时，我讲过生活中怎么修行的问题。一种是“随缘静心法”，你在做什么就修什么功法，洗脸就练洗脸功，刷牙就练刷牙功，自己有这种练功的意念。一种叫“会归静心法”，不管具体生活的内容是什么，把所有的生活都会归到一个点上。比如说就会归到念佛上，你随时随地都有一个念佛的意识。好事来了，阿弥陀佛；坏事来了，阿弥陀佛。这一句佛号就把全部的生活统一起来了，随时随地就让你的心静定下来。你也可以会归到某一个观想口诀上来，记得一个“无”或者“空”……会归到一点上，以这一点贯彻到所有的生活当中去，让你生活中的功夫能够得以相续。

问：能简单讲几句睡功的心法吗？

答：它这个心法，不管是睡功，还是站桩，都是可以打通的。还是看你自己喜欢哪一种，适合哪一种，就选哪一种。我刚才讲的方法，其实就融合了很多方法，它包含了对光明的观想，还有融化在光中，其实也包含了身心的融合在里面，身心融合到一点上。你也可以在练睡功时，用别的观想方法，核心就是如何把这种修行慢慢贯彻到你生活的所有的内容当中去，而不是说睡眠就一定有个特殊的睡功，关键是如何在睡眠当中保持功态相续。

问：戈老师，吃荤吃素有讲究吗？

答：这也是一个很重要的问题。首先是“不杀生”，这个是因为慈悲心的缘故，让你去杀一只鸡吃，你宁愿不吃这只鸡，修行人下不了这个手。至于吃荤还是吃素，这个问题比较复杂，我觉得没有固定的答案，还是随着每个人自己的缘分，作适合自己的选择。你如果很喜欢吃素，确实不想吃肉，那就可以吃素。吃素也是很好的事情，但是也不要强迫自己一定要吃素。因为这个世界它就是这样，有其整体的因缘，不是你吃素就能怎么样，这个世界有它一个整体的业力，不是我们某一个人吃素可以改变的。

如果非要争论吃素还是吃荤，那是没法争论出一个结果的。你说虽然一个人吃素不能改变世界，但如果大家都不吃荤，不就好了吗？但这个是不存在的假设，永远不可能大家都吃素，整个世界的安排就是这样。就是说，你可以根据自己的情况，在外面吃饭还是随缘吧！一定要吃素，也会带来很多生活的不方便。随着你练功的进展，在某些阶段你特别想吃素，根本就不想吃肉，那是该吃素。既不能强迫自己吃素，更不能强迫自己吃肉，走到另外一个极端去了。为了表现自己境界很高，明明吃了肉很难受，还要强撑着证明自己也可以吃肉，那就不对了。

你身体知道该吃什么，到一定的时候，身体对这个肉很排斥，基本上不想吃，或者你真正有慈悲心生起了，你见到肉就要流泪了，就觉得同情动物，不想吃，那你就不能吃。要看你到什么程度，这个东西不是修行的核心的问题，不要把它先作为一个拦路虎，影响我们进入修行的道路，好像不吃素就不能修行似的。强行让自己吃素，心里又还想吃肉，搞得很矛盾，这样就不好了。永远不要自己跟自己做斗争，不要搞得太复杂，要智慧地面对。

有人说，自己有能力去超度被吃的动物，或者一面吃一面念咒子去超度它，这可以是调整自己心态的一种方式，但是否真的有效果也是很难说的，要看你的境界如何。如果你强行自己一定要练个什么功去超度它，有时候也是一种自我欺骗而已，其实你没有这个能力超度它，但可以作为一种调节自己心态的方式，你吃肉以后自己可以舒服一点。每个人都有自己的因缘，如果你是佛教徒，你可以念个什么咒做些超度的仪式，最简单的就是念六字大明咒，这个咒里面就包含了所有的咒。

问：老师好！问题倒是没有了，我来上课之前的一些问题，在上课里面都解决了，所以非常地欢喜。每解决一个问题，都好开心，非常非常感恩老师！我觉得千言万语，唯有感恩，感恩老师！

答：你们有受益，我就欢喜。

问：老师好！您从第一节课就开始讲“我是谁”，要觉知到真我，因为我现在还没有体验到，不知那个“我”就是我本来的天性，还是说“我”就是在任何时候，当下的那个真实的想法和状态？我对这个真我还不太理解。

答：事实上，从一开始我们就讲“我是谁”，后面也一直在指向这个东西。我讲的这些，如果你不明白，就说明还没有听清楚。真我是你生命的第四层结构，它随时随地是一直就在的，但是它有“迷”和“悟”的区别。就是迷失的时候，我们不觉知它，主人是有的，但主人不在场。在场的是客人，就是那个自我，自我是我们生命的一个虚假的中心，是我们自己制造的一个形象或者别人给你设定的一个形象，以为有这样一个“我”，这个我实际上是一个错误的中心。明觉或本性，那个我们生命中真正的主人，它没有呈现出来，没有起作用；我们要通过修行去把它找出来，让它呈现出来，让它起作用，这就是“悟”。

问：看清楚当下的自己，无论当下自己是什么样的，不管你喜欢与否，你都去接受它，就可以了，是不是？

答：看清当下的自己，是一条道路。比如说我起心动念，我有什么样的自我形象、自我设定，我都能够觉知到它，看清楚它是空性的，这就是“明心非有”这个层面。到了“明心非有”这一层之后“见性本空”，自性本空，空明不二，剩下的那个明觉呈现出来了，那就是你真正的自己。

问：老师，在打坐的时候，我好像觉得我是这个场里面打坐最不好的，坐不住，一会儿就会腿疼，但那时候的心是非常静的，心是不起杂念的。像这种情况我是处于真的静的状态，还是一种假的静心状态？我的心确实是很静的，但就是坐不住，师父说过要心静才能坐住，而我坐不住，就是腿疼，但是心不杂乱。

答：这个没有问题，静坐的核心是心不是身，心是驾驭这个身的，心做主了，心静下来了，这就达到修行的目标了。至于坐不住，只是你腿有一些障碍，它不舒服，就要活动一下，换个位置，这是可以的。包括你那种姿势也是静坐姿势的一种，静坐的姿势有很多种，也不是那么固定的。静坐的姿势，可能有几千种，各种各样的姿势都可以静心。

静坐的姿势不一定要双盘，其他几种简单的姿势也都可以，舒服些、轻松些，对初学者是有帮助的。一开始把姿势的难度加大，会影响你的心，使你全部的精力都花在训练腿上了。如果这个姿势特别费力的话，你就跟它做斗争，你的整个注意力都在腿上，就没有心思、能量去静心，所以不要太执着于这个姿势。

有基础有条件的，要慢慢向双盘靠拢。因为双盘最稳定，有助于进入深层的禅定境界。双盘有一个好处，它使你基本上能保持中正平衡的状态，你没法往各个方向倾斜，这样能把你定住。别的姿势有可能就坐歪掉了，倒下去了。

还有一种儒家端坐法，不需要盘腿，端坐在高度合适的凳子上即可。所以这些姿势的问题都不是障碍，都是可以克服的。

问：观和觉知是不同的概念吗？

答：本质上是一个，但是它们是从不同的方向来讲的。观，从语义上是用眼睛观看，但眼睛是看外面的，而修行讲的“观”是一种内观，是用意识之眼来观，观的本质就是一种觉知，就是你知道、意识到，我觉知到我的手的运动，实际上就是我在观自己的手的运动，这个观不是眼睛看，而是心灵觉察到这个运动。平常我们做什么，就被什么带走，后面的觉知就没有了。当我意识到我在做什么，这是有觉知的行动。最终，我觉知到自己的觉知，去掉二元分别了，这就是一个觉性的呈现。要往最终极的方向走，要觉知到那个核心是什么。觉知不是终点，觉知是工具、方法，最后是走向那个空明的觉性，没有能觉所觉的二元性，找到那个东西。

观除了“观照”之外，还有“观想”的意思。观想是另外一个道理，它是意识的妙用，你可以主动地用意识按照某个程序去想象出一个世界、一种境界，在那种自觉的观想中，可以得到某种能量的转化或种子的净化。道教的“存思”“存想”，就是一种观想，其中有身心转化的奥秘。

问：一说禅修，就讲到四禅八定，这个“禅”与“定”之间有次第吗？最后是量变到质变的关系？

答：你的问题是禅定是怎么回事？禅定与禅悟的关系是什么？禅定与禅悟的关系，就是修定和修慧的区别。

修定，是我们的意识停留在一个状态，心系一缘，心建立一个“所缘”，就是心所关注的一个方向、一个对象，把心拴在一个地方，然后不再波动，慢慢就平静下来。所谓定力的高低，就是你建立所缘之后，这个心灵波动的程度、入定的稳定性的不同层次的差别。我们讲的“定”，都是相对的。有的人每时每刻念头特别多，经过修行，波动比较少了，然后短暂地停下来了；有一个事打扰，又波动一下，但波动得慢了，这个时候你的定力也就在提高了。真正理想的定就是你的心灵不再波动，你的心念的曲线变成了一条直线，没有意念的分别。比如说你观呼吸，就只有呼吸，无论你碰见什么，都定到那个所缘境上，心不动了，这就是入定了。四禅八定，就是定的不同层次，初禅、二禅、三禅，每种禅定都有不同的指标，从身体的体验或者感觉上有些什么不同，过来了可以告诉你，因为我们四层结构它在进入不同层级的定境的时候，都会有不同的反应。四禅八定是衡量你进入定境深浅不同的描述系统，但这是比较高的境界，初学者其实不需要太清楚地了解，你知道这个方向就可以了。了解多了，增加分别念，会让你打坐时多了一个妄想。等你境界到了，很多东西自然会知道。

定是慧的基础，但定本身不是悟道，定只是一种功夫。定虽然有能量，甚至有神通，但定不能自然地净化心灵里的种子。要转化身心，净化种子，需要修慧。慧是一种觉性的妙用，禅悟是进入第四层，达到一种超越的境界。从修定到修慧，也可以说是一个从量变到质变的过程，定能生慧，这是个大原则。但其中有不同的次第，就像道教讲的性命先后的不同一样，定慧也有先定后慧、先慧后定的不同，最后都要定慧双修，达成定慧一体的悟道境界。

问：修止是什么？

答：修止就是修定，止是从因地来讲，定是从结果上来讲。修止的结果是得定，修观的结果是开慧，止观是从因位上来讲，定慧是从果位上来讲。修定不是目标，要由定生慧，定力高了以后，你的心灵的稳定性增强了，观照、觉知的能力会更加清晰，就更容易入观而开发智慧。定慧双修，一般要两个方面都平衡，有定无慧或者有慧无定的都不全面。没有定的慧力量不够，是干慧；没有慧的定，只是世间法，不能解脱。只有智慧，才能解脱烦恼，定是不能解脱烦恼的，定是把烦恼压抑在里面。你有能力在定的时候烦恼不现行，但是如果你没有智慧，你定力越高，将来现行的时候可能还要加倍回报，你的脾气比一般人还大。

问：老师，从今天上午到现在，一直在那种跟平时不一样的状态。今天中午跟这位姐姐在一起吃饭的时候，她让我描述这种状态，我描述不出来，这是什么状态？

答：你不需要描述了。我们今天这个课程里面，把我们所要走的方向或者道路都讲清楚了，你自己看看在不在这个方向上，是不是空？是不是明？是什么状态，自己应该了了常知。因为禅修是内在的体验，它很难描述给别人听，但是你自己清楚就可以了。我们已经给你建立了一个理论框架，你自己可以用这个理论来分析，看清楚自己在什么状态。要是空明不二，就是对的。如果光是空，是稀里糊涂的一种状态，或者只是一种定的状态，那可以说是暂时的境界，也不是坏事，还是空得不够彻底。我们是要达到一种空明觉知、了了常知的状态，同时心里很有安定性，能不受外物打扰，要培养这种能力。

问：老师好！您说念头是虚的，都可以给它放下，可是念头看起来是虚的，它是无形的，但是它又是实的，时时刻刻困绕着你。在虚与实之间，有没有一种中和的办法？

答：你在迷当中，它就是实的；你觉的时候，它就是虚的。所以关键不是去纠结它是实的还是虚的，关键在觉不觉。觉了，就是一念无生，念头本来不存在，你就不被它打扰了。你被它打扰，觉得念头是实的时候，你就已经在迷中，就执着了。

问：我觉得那是应该去想的一个念头，比如有个念头，困了我好多年，就是我一直希望中国通过治理，要走出贫穷，大家能享受平等的待遇，即使修炼的时候，也一直都想着这个。

答：有这个想法，就是你的执着，它应该放下，这个问题不是你该操心的问题，也不是你要解决的问题，现在是怎么样破除这个执念的问题。这个念头本身没有什么好执着的，修行就是从你内在开始转变，达到你内在实际上没有问题，才能进一步影响外面的世界。你如果再纠结这个问题，这本身又是一个问题，你把自己的问题要先解决，要做到自己在心灵的境界上提升自己，有这种操心，本身也是一种烦恼，一种执着。

另外就是念头本身，我们讲它是“空”还是“有”，要分清楚具体的语境。讲修行的时候，要看到念头的空性，这样可以放下执着。但不是说念头是绝对没有的，从缘起现象来看它是有的，在实际生活当中，念头是可以用的，就是要“正思维”，不是说不能有念头。正思维，就是觉性做主、有意识地去思维，在思维当中不被它所带走，不迷惑，不迷失自己。思维是有用的，我现在回答你的问题也要思维，但是我的思维是有意识的，不是胡思乱想，不是没事找事。我答完了，念头就没有了，用完即放下。

问：只要是慈悲的，不可以此时即妙用吗？自己来想这个问题，它不可以慈心妙用吗？

答：可以是慈心妙用，但首先要有智慧，有智慧的慈悲才是真慈悲。但是你现在这念头，已经成为执着，已经成为你的问题了，所以首先要用智慧解决它，再谈妙用。真空妙有，你真空没达到，何谈妙有呢？那是大菩萨境界，他已经空了，解决了自己的问题，然后再操心众生的问题，这是可以的。他操心众生的问题本身也是无住的，不会影响他的智慧；现在你的操心却成了问题，要首先解决自己的问题。

五、禅修的概念及其意义

我们已经进入一条灵性道路的探寻之旅，这种探寻跟我们以前向外的追寻，是一个方向性的转变。一般来讲，我们说探寻，总是要探寻一个什么东西，你是向外面追。不管你研究什么，你总是一种对象化的研究，就是把你探寻的东西，作为一个对象来做研究。但是禅修恰恰是一个内向的追问、内向的探寻，它不是去探寻一个外在的客体，而是探寻自己内在的主体；探寻和探寻者是一个东西，我们探寻的就是那个探寻本身，所以这是一个奥秘。

作为一个二元的对象化的课题来研究，这就是科学的研究方式。科学再神秘，它都是有路可寻的，都可以找到一条客观的道路。当我们把探寻的目光转向内在的时候，这里面就没有一个外在的、可以固化的教条或者道路，它是一种如人饮水、冷暖自知的内在的体验，是真正的奥秘。我们无法把它作为一个对象抓住，而是要去内在呈现出其自身的原初的状态。

从今天开始，我们已经有一些基础了，而且也有一些体验，今天上课的时候，大家就可以带着一种功态来听课。你是一个完全被动的开放的状态，没有任何的成见，也不带任何的评判，就是让它如是，和我在一起，和这个道场在一起。让我的声音自然地进入你的心灵之中，起任何反应，都不需要去过多地分别。如果你能听明白，就自然明白了；听不明白，你就放下，跟着一起走，不要去追究刚才那句话是什么意思，这样你就会越来越错过。

内在的探寻是一种对终极奥秘的追寻，说到底就是对生死问题的探究。从宇宙的长河当中，看短暂的人生，我们会感觉到一

种悲凉，就会开始追问人生，生命到底是什么？活着真正的意义是什么？我是谁？只有这种追问，才是求道的开始。你最开始是追寻什么，在“因地”是为什么来修的，这个很重要，会影响到“果地”的成就。佛教就强调因地发的愿，只有发菩提心了，才有成佛之因。有的人是因为练气功入手，他一开始就是因为身体有点不舒服，才想练功，要解决这个问题。有其因，必有其果。你练功的目的很简单，就是一个养生的目标，这是一个层次，不能说它不好，但是从灵性的探索来讲，这是远远不够的。真正的宗教性的追问，就是从生死这个根本问题开始，追问真正的生命是什么；真正的禅修，就是一种领悟奥秘、解脱生死的道路与方法。

我们现在就进入本课程的第四个主题，叫“禅修的概念及其意义”。前面我们是在宏观上已经规划了一条道路，明确了这个修行是指向什么；现在我们要回到具体的关键性的问题上来，把“禅修”作为我们探索的一个主题。

1. 关于禅修

首先，我们讲一下禅修的概念在这里指的是什么。有的朋友就会问：“戈老师，你不是研究道教的吗？怎么又搞禅修呢？”事实上，这门课一开始起的名字是“修道：灵性的奥秘”，我觉得修道的概念更具有普遍的包含性，你不能说修道就是属于道家、道教的，因为每一家都要修道，我觉得用“修道”来表达“灵性的探索、实践之道”其实更好。但有朋友建议，他说现在禅修比较流行，你要讲“修道”的话，好像是限定在道家、道教里面，其实你也不光是道家、道教，讲“禅修”会引起更多人的注意。我觉得也有道理，就改用“禅修”这个概念了。也就是说，在我这里，“禅修”与“修道”是一个意义，它不是特定的宗教性的概念。不是说禅修，就是属于佛教的；修道，就是属于道家、道教的。不管是道家，还是佛家，我讲的禅修或修道是一种超越宗教的概念，它是一种内在的探寻，是一种领悟终极真理的道路，是走向解脱的一种方法。它实际上是没有宗派概念的。

有的人以为我是研究道教的学者，说你研究道教的，怎么老讲佛教？很多人有这种宗派观念，但是在我这里，作为一个道教的学者只是我的外在身份，这是因缘所致；但是我心中没有一个宗派的概念，没有说我是道家还是佛家，我是一个真理的探寻者，是实相的探寻者，只要能够有助于我们追问实相的道路，我都要去学习。所以我向各家各派学习，向真正有智慧的人学习，没有任何的宗派概念。哪一家讲得好，我就学哪一家。所以我看见佛教批评道教的时候，我就觉得有点不对，你这对道教的了解不对啊！你这个完全是用你自家的话来说别家。同样，有的道教徒批佛教，对佛教的了解都很狭隘，你不懂佛家，你知道“空”是什么意思吗？不了解就批评人家，没有搞清楚。要比较佛教和道教，那是一个非常困难的事情，你必须对两家都有同样深入的了解。光懂一家，哪怕你对佛教研究得非常深入，你是佛教大师了，但是你不懂道教，你对道教的批判是没有意义的。反过来说道教的大师，如果你对佛教的了解只是一个皮毛，那么你对佛教的那些批评就毫无意义，不能因为你是道教大师，你就可以批评佛教。真的要批评，就要真正地对两家完全精通，这种人很难得，很少有这样的大师。若真是对两家都精通的人，反而就不会随便批评了，他就能看到超越宗派的普遍的真理。

这是要注意的第一点，我讲的禅修，它没有宗派概念，就是一条探寻终极真理或者终极实相的道路和方法。

既然是这样一个概念的话，那我们每一个人不管是哪一个宗派的或者没有宗派的，每个人都具备这种禅修的种子，因为我们追寻的，就是真正的自己；每个人内在的源头，就是我们自身去探索的方向。从理论上来讲，每个人都有佛性，都有探寻的可能性，都有体验道之真理的可能性。首先我们要坚定这一点，佛性是我们内在本具的，那么对佛性的开悟，也是我们每一个人都有可能的，要有这种信心。当然，这里边有漫长的道路要走，要去下功夫。我们有这样的种子，但是种子要变成大树，可能性要变成现实性，这就需要极大的渴望、愿力和功夫。所以要发大愿，简单的乐观主义和悲观主义都是要不得的，认为修行很容易，不去下功夫；或者认为修行很难，我就不去修，这两者都是错误的。

我们要有认识到人的可能性，人有这种发展的可能性，有觉醒的可能性，然后要去发愿，下功夫。一个人必须为他所向往的东西付出热情、奋斗和代价，没有任何一个事情是可以轻而易举，不经过努力奋斗就可以得到成果的。有人说，禅不是“无修”吗？不需要修，本来就是佛，修什么？这就是口头禅，过于乐观了。无修，是最高的法门，实际上是无修之修，就是真正的无为，没有任何造作。一般人修都修不好，何况是无修，更做不到。我们不能只看见可能性，但是没有认识到这个可能性要变成现实所需要经历的道路和过程。严格来讲，禅修是一种真正的、真实的探寻，它不需要迷信，也不需要盲目的信仰，但是需要对内在真理的信心。你可以不信那些宗教的信条，有没有什么天堂，西方有没有佛，这些东西你都可以不管，但是内在有一个实相可以觉悟，要有这种信心。在这条道路上有很多人已经走过了，他们已经获得了解脱，我们要向他们看齐，要对内在真理有一种信心。

要知道佛性是我们内在本具的，所以觉悟它一直是可能的，我们随时随地都有可能回归内在的佛性。也可以说，真理一直在找寻我们，内在的佛性一直在敲打着我们，提醒我们去唤醒它。当我们在人生当中经历很多挫折，感到茫然的时候，我们不自觉地会向内回归，去追问生命的源头与实相。只要这个地球上、只要人类的历史上曾经有一个证悟了真理，获得了解脱的人，那么就已经证明我们每一个人都拥有这种潜力，拥有这种可能性。只是大多数人都错过了，把这种可能性错过了，没有把它变成现实。所以我们禅修，不是要去创造一个新的东西，禅修就是重新发现自己，也就是创造一个真正的自己。这个创造，严格地讲不是创造，而是呈现。但从这个过程来讲，有点像创造，因为你原来没有认识到的时候，似乎它并不存在，觉悟了真正的自己，好像是一个新的创造。认识到生命自身的觉醒与圆满，可以说是人生中最大的最有意义的创造，这种证悟自性、证悟真理的觉醒，就是生命中最有意义的事情。

现代人最大的问题就是我讲过的，他是一个混乱、昏睡的状

态，他是随着业力而流转，是不能够做主的。他被过去的所思、所行所支配，一直在业力的轨道上漂流，这个“随业飘流”的状态，就是凡夫。那么禅修是什么？就是扭转这个局面。我们要转化业力，不在业力的轨道中“飘流”；要回到智慧的轨道当中，要在道中“漂浮”。在业力中漂流，就是无法做主，随境风起识浪；在道中漂浮，就是我们随顺于道，回到道的无为的状态。前者是“迷”的状态，后者是“悟”的状态，两者是完全不同的。

禅修的概念就包含这两个轨道，要从凡夫的这种随业流转的轨道，进入智慧做主的轨道，回归于道，在道中游泳，在道中漂浮。所以讲“无”，是讲在道中无为，在转化人的业力的时候，就要讲“有”，要有为，做功夫。有为和无为，详细讲起来很复杂，涉及不同层面的功夫与境界。

现在的问题是，我们一般人并没有充分利用生命的时光去追寻永恒生命的喜乐与圆满，大多数人只在打发时光，在过日子，想着怎么把这日子一天一天就这么混过去；而智者是要利用生命的时间，去探寻生命的奥秘，去发掘生命的价值，通过禅修，去实现生命的幸福和自由。

2. 内在生命

人的第一次生命是父母给我们的肉身生命，我们的肉身生命来自于父母；而只有通过禅修，通过这种觉悟之道，找到真正的自己，我们才有第二次法身生命的诞生。生命有两大层次，一个是我们的肉身生命、后天的生命，一个叫法身生命，也就是我们真正的灵性的生命。而禅修，就是通过自己的追寻、探索，重新发掘我们内在的灵性生命、法身生命，这也就是一个真正的生命的诞生。

我们需要第二次出生，才会拥有真正的精神生命，这里就讲到一个“内在生命”的概念。外在和内在这种分析，虽然像是一个二元性的分析，但是任何分析都有二元性，我们只要把握它的分寸，就没有问题，最后要超越二元性，内外都要合一的。相对来讲，我们的生命还是可以区分为内在生命和外在生命两大层面，就像我们前面讲的内在工作、外在工作一样。所以我们认识一个生命，探寻生命的奥秘，首先要认识到除了这种外层的肉身生命之外，还有一个真正的内在生命，这关系到我们探寻的方向和目标。

我们要禅修，首先要有一个方向，知道我们在探寻什么。如果我们还是向外追寻，那就不是禅修，那是禅修的对立面，那是禅修要去扭转的方向。禅修一定是要把这个方向先调好，它一定是对内在生命的探寻。如果我们把禅修变成一种向外的追寻，你永远不会找到心灵的家园。如果我们没有有意识地去选择正确的方向和目标，我们的禅修是没有办法达成的，你方向错了，南辕北辙，永远是到不了的。为什么要讲这个？因为有很多修行，一开始他就方向错了，他还是一个向外的方向。听说练功会有什么功能，听说练功能解决什么问题，你因为这种功利的目标去修行，都是一种满足自我、欲望的方向，这种修行是永远不会觉悟的。一开始因地的愿望就不对，你想要炼出什么功夫来，将来可以在众人面前露一手，要炼出点功能出来，要达到什么目标，这跟俗人是一个想法。俗人想当更大的官，赚更多的钱，然后赢得别人的尊重，你如果也是在这种追寻人格化的成长的道路上，那就不叫禅修了。看看禅修的圈子，就会发现很多所谓的禅修的方向都是错的，他还是自我做主，还是在赢得这种外在的东西。

一个人不知道内在的自己，就是不知道生命本身；一个人不追求内在的成长与内在的财富，就是错过了生命本身。人格的成长不是本质的成长，知识的增加不是素质提升，一定要区分这两个层面，永远不要把人格的成长当作禅修的目标，也不要把知识的增加和素质的提升混为一谈。再渊博的学者，拥有再多的知识，他内在的素质可能和常人没有太大的差异。我见识过学界很多的大佬，很多所谓的大佬、大学者，严格来讲，从智慧的眼光来看，他们并没有内在的成长；他们一生就为浮名、浮利，错过了真正的生命成长。有的学者非常好，天天做学问，把自己的一生整个奉献给学问了，虽然从某种意义上也是可亲可敬，但也是可惜的，因为生命的目标不是把一生去奉献给学问，而是要通过这个学问为我们的生命提升服务。很多学者做学问的方向都错了，他们勤勤恳恳写出文章来，写出专著来，为了学术去奋斗，但学术的目标是什么？他们搞不清楚。学术应该是为人的内在生命或者内在境界的提升服务的，至少人文学科的目标应该是提升人的精神境界，而不是简单地获得一个知识的增长。

因为对这种生命的根本的方向没有把握好，现在的情况就是富有的人不快乐，不宁静，而真正宁静而快乐的人往往也不富有，这是我们社会的问题，所以我们提出“内外皆富”这样一个努力的方向。修道的人不需要鄙视金钱，不需要说我就是要贫穷，以贫穷为光荣，这也是一种错误观念。贫穷和富有这是两极，我们是要拥抱两极，超越两极对立。好多修行的人就以贫穷为光荣，好像我把钱分掉，一无所有，我才了不起，好像贫穷是一件很有意义的事情，但其实贫穷本身一点意义都没有。事实上很多贫穷的人没法修道，贫穷有时候反而是修道的敌人。

这里我要给大家讲一个故事，说明一下贫穷和富有的关系。有一个大禅师，悟道之后，信徒遍天下，供养他的人一个接一个来，积攒的钱太多了。于是他就建了一个大的禅寺，金碧辉煌，像中台禅寺这样，好几十个亿建起来的，可能比皇宫还漂亮。这个大师在“皇宫”里面，确实过着像帝王一般的生活，因为他太富有了，他的信徒很多，不乏各种名流。这时候他的学生和弟子当中就产生了疑情、疑问，好像有点不对，觉得这位大师可能有点变质了，可能被金钱迷惑了。你看他的生活像帝王一样，已经不像以前了，以前在茅棚里闭关的时候很厉害，现在信徒多了，这样的生活可能不对了，不像正宗的修行人了，对他的境界有这种怀疑。在一次讲道的过程中，有一个大弟子就公开提出了这个问题，说现在社会上闲言闲语很多，有人认为师父您现在已经堕落了，已经被欲望给抓住了，你看你的生活搞成这样，这不像修行人的生活了。你看人家佛陀与弟子，他们是要饭去，你却在这里来享受生活，跟传统的师父完全不一样。

大师借此机会，就开始讲了一段非常有意义的开示。大师说，很好，今天你们提出了一个关键性的问题。我知道你们早就在嘀嘀咕咕，想我的这些问题了，今天我给你们讲清楚这个道理。你们只知道一条道路，就是像佛陀这样，佛陀是从富有到贫

穷，他拥有了整个王国，他把它扔掉了，这是他超越了富有。但是我开启的是另一条道路，我从小像你一样是一个贫穷的人，一开始我就是个乞丐，我是从贫穷到富有——佛陀超越了富有，而我超越了贫穷。人只能超越自己已经拥有的现状，不需要去超越自己还没有拥有的东西。我知道贫穷，我已经深深地体验了贫穷，所以我的问题是要超越贫穷，我不执着于贫穷，我并不认为贫穷是很光荣的事情，我也可以去体验富有的生活。但问题的关键是我也并不执着于这个富有，贫穷与富有于我是无分别的。大师说，从明天开始，我离开这个“皇宫”，回到我的茅棚去，我可以毫不犹豫地放下它。接下来，大师就回到他的茅棚去了，这样这些弟子全傻眼了，知道自己误会大师了。

这个师父真是厉害。他是在皇宫里，但他并没有执着于皇宫，他是真正超越了，无论是贫穷还是富有，他都可以自由自在。

所以问题不在于你是住在皇宫里还是在茅棚里，而是你的心在哪里。你的心无所住，不住于贫穷，不住于富有，这才是智慧解脱的道路。如果认为贫穷就很光荣，修道就一定要过苦日子，这是一种狭隘的观点。俗人执着于富有，修行人执着于贫穷，这个本质是一样的。所以我常常讲，我们修行人要有智慧，不能说修行的人就不能享受生活，所有好吃、好玩的都给那些俗人，给那些坏人，我们这些修行人就得受苦，那我们这是何苦呢？修行就要这样吗？关键不在这里，修行的人更应该能够享受生活，只不过我们比俗人境界更高，我们既能享受富有，也能够享受贫穷，而他们只能享受富有，而且从根本上说，俗人富有也享受不好，任何执着都是烦恼。

真正的俗人，他不管是富有还是贫穷，他都是不快乐的；而真正的智者，无论是贫穷还是富有，他都能够真正地享受生活。所以禅修是一种智慧的开启，而不仅仅是做一种功夫；是真正的对大道的了悟，是对内在生命的洞达，是发展出内在生命的这种圆满无缺的存在状态，这样他可以自由地应对生活中的一切。禅修的真理就在此时此地，而我们一般的人总是向他处追寻；禅修很简单，但是我们的头脑很复杂，以至于我们回不到这种简单平凡的状态。

从内在生命发展的角度来看禅修的方向性，这是我们讲禅修概念时的一个重要的视角。

3. 科学与宗教

我们讲一下“科学与宗教”，要厘清“禅修”这个概念，这是一个非常重要的话题。

既然禅修是一种“内在工作”，而普通所谓的科学一般都是研究外在客体的，那么禅修和科学之间到底是什么关系？从某种意义上说，禅修是内在生命的科学，禅修并不违背科学，只不过一般的科学多是对外在生命的一种探寻，而禅修是对内在生命的一种探寻。在很大的程度上，它们两者具有相通的地方，只不过因为探寻的内外层次不同，所用的方法手段也有所不同。也可以说，现在的科学已经成为外在的宗教，而宗教则是一种内在的科学。因为大多数人已经把科学变成了一种信仰，就是唯科学主义，好像只有科学才能说明一切，只有科学才是唯一的真理。无论你讲什么，只要说你这个“不科学”，你打坐、冥想不科学，一旦有了“不科学”的标签，就是“迷信、谬误”的代名词了。如果“科学”代表的是一切领域的“真理”，那么我们有必要将“禅修”纳入到“科学”的范围之内，只不过禅修不是通常意义上的科学，它是内在生命的科学。用科学来否定宗教，这种人既不懂宗教，也不懂科学的真正意义。

当我们讲禅修是内在生命的科学的时候，我的意思是说，禅修是解开生命奥秘的永恒的钥匙，它与特定的宗教、经典没有必然的联系，它是一种永恒的法则，在这个意义上，它与科学一样，都是具有普遍性的真理。具体的宗派、经典或许会消失，加之于宗教之上的种种迷信会消失，但揭示内在生命奥秘的宗教性的真理是永恒的，而禅修的科学就是宗教性的真理。科学是普世的，是不分派别、不分民族的，禅修从某种意义上也具有这种性质，它不属于特定的宗教，也不属于特定的民族，所以我们说禅修是一种内在生命的科学。

虽然禅修对于每一个人都有不同的具体操作方法和不同的表现形式，但真正的宗教性的真理，是超越宗派、超越民族的，其根本法则是对每个人都可以适用的。观虚斋教学一直试图探索和建立这样一种普遍性的内在智慧、内在实相，而我们所讲的禅修就是一种根本的方法论或者根本的探寻之道。

禅修在某种意义上也是一种科学，但是我们要把它与普通的外在的科学做一个清楚的区分。禅修如果要讲它是科学的话，跟我们一般所讲的科学有着根本的不同，在探寻的方向上有根本的差异。最大的差异就是，常规的科学是一种对象性的探寻，它探寻的是“客体”，是主体对客体的研究；而禅修的科学是对内在主体的探寻，探寻与探寻的对象是一体的，这是一种内观、内修式的探寻。

现在有一种潮流，就是用科学、用现代物理学跟佛学对接，希望从科学的角度能解释佛学。有一种乐观的观点就认为，科学家将来探索到一定的时候也会成佛，跟佛陀一样，因为最后真理是一样的嘛！这与我说禅修是一种内在生命的科学，其意义是截然不同的。我并没有用现代科学来解释禅修，我不认为科学与禅修最后能走到一起，我是在“任何领域的真理”都是一种“科学”这个意义上来说明，科学本身有不同的层次、不同的领域，禅修对内在生命的探寻也是一种科学的探寻。

在对宇宙奥秘的探寻上，科学的探寻与宗教的探寻，两者一点都不矛盾，因为宇宙的最后的真理、实相是一个东西。但是因为它们两者探索的手段不同，它们虽然不矛盾，但是它们还是有一个方向的差异。也就是说通常的科学家的研究，它总是在做一种对象化的研究，无论研究什么，哪怕是研究生命的主体，也是把它作为一个对象来研究，这种研究是永远不会成佛的。科学家研究出来的道理跟佛学是可以相通的，都是对宇宙实相的不同层面的发现，两者会越来越接近，但是价值取向上不同，通过科学研究的这种方法和手段是永远成不了佛的。因为再聪明的科学家，他也是在探索一个所谓的客观的道理，而宗教的道理却是“主观性的道理”，是主观真理，不是客观真理；是内在真理，不是外在真理。当然，这里的“主观真理”并不是说它是“主观想象”的真理，而是对主体自身的探寻并最后超越主客对立的“一

体”性的真理，是一种主体亲证的“性通于道”的“如是”。用现代科学去说明佛学，当然挺好，我鼓励他们去做，这有助于一些人理解佛学；但是我自己是不感兴趣的，因为这跟“成佛之道”关系并不大，我不需要用科学来重新解释一下佛学，因为佛学本身说得很清楚，为什么要翻译成科学的语言？我只关心怎么样成佛，而科学作为对象化的研究是无法觉悟成佛的。

从这个意义上来讲，科学与佛学的对接，只能帮助更多的人去了解佛教、佛学不违背科学，是有道理的，这对于将人引入佛门是有帮助的；但对于一个已经学佛很多年的人来说，你再用科学来说明佛学，这跟我学佛的成长没有大的关系。我看了朱清时院士的那些东西，并不能说我就学佛进步了；只不过我可以借科学家论证的道理去说服普通人。佛学有道理的，你看院士都这么说了，只有这个作用。

科学的探索并不能直接达成觉悟的生命境界，但我们要看到科学的探索和宗教内在真理的探索它们是不矛盾的，它们是两个领域的探寻，它们不在一个频道上，所以也不存在矛盾；而且它们两者是可以互补的。站在一个更广阔的视野来讲，在人类整个的知识光谱之中，它们两者恰恰是互补的，构成了整全的知识光谱的不同的波段。借助肯威尔伯的光谱理论，也可以说科学是物质的知识，宗教是意识的知识，这两者加起来才是全面的知识光谱。人类新文明的希望，就在于科学与宗教的这种平衡与综合。科学提供了人类发展的动力和方便，而宗教提供了发展的方向与价值。

这个话题也可以从前面讲的人格发展、本质发展延伸开来，展开到人类文明的高度来讲。从个人来讲是人格的发展和本质的发展要协调并进，从人类的发展来讲，就是科学的发展和宗教的发展这两者也要有机结合。要以宗教文明提供价值的方向，人生真正的意义要从这里找，科学只是给我们提供生活的方便、动力和能量，但是如果只有科学的发展，失去了真正的价值方向的话，人类的文明是没有前途的。

从修道的层面来看，科学与宗教的综合就是身体与灵魂的结合，也就是本体、功夫的结合，也就是性命双修的体系。在所有的宗教里面，道教在某种意义上是综合了科学与宗教的，内丹和外丹都是兼具科学性与宗教性的体系，所以道教是一个很特殊的宗教。本来宗教都是做内在探寻的，都是要去觉悟的，但是道教徒特别有科学探索的精神。

李约瑟写了长篇的《中国科学技术史》，就讲到道教在中国科学史里面做出了巨大的贡献。因为道教徒炼外丹要做实验，就得出了许多科学的成果。虽然道教徒外丹实验的本意不是发展科学，而是想要炼出一种丹来，吃完以后，可以长生不老。后来发现这炼了半天，外丹服食没有解决问题，又转向了内丹，就是向内去找这种长生不老之药。

厘清禅修的科学和常规的科学之间的关系，也就是厘清科学与宗教的关系，也就是看清楚在整个人类文明的发展方向上，要把这两者都摆在它们自己的位置上。唯科学主义，认为宗教好像是异端邪说，只有科学才是真正的知识，这种观点就是常人的狭隘的观点；但是宗教徒也不需要去排斥科学，因为它们是不同的领域，在各自的范围内都有价值，获得的都是整全的“科学光谱”中某个波段上的真理。

讲到禅修作为内在生命的科学，我们要进一步地探索，宗教本身它有不同的层面，像宗教有的时候也有科学的层面，但宗教里面还有更多仪式化、形式化的层面，这要和它本质的层面有一个清楚的区分，我们可用一对概念来概括这种区分，就是“宗教”与“宗教性”。宗教，包含各种各样的宗教表现形式，而“宗教性”是宗教的内在真理，是它内在本质的核心，要有这样一个区分。

广义的宗教包括这两个层面，一个是宗教（狭义），一个是宗教性。用基督教的语言来讲，就是“神”与“神性”的区分。神是外在的、信仰的、形式化的东西，而神性是内在核心的实相。世人对宗教的反感，更多是来自于宗教形式化的这个层面的反感，但他们因为对宗教的误解，对“宗教性”这个层面不够了解，于是把两者一起给否定了。我们现在就是要揭示出宗教性这种内在实相的真理，它跟科学的探索具有同样的精神，都是求真、求实的精神。所以智者他不是盲目地反对宗教，而是看清楚宗教的表象和宗教的本质之间的差异。

我们不是去排斥宗教，不要宗教了，而是要超越这种宗派的执着，超越这种宗教的形式，去探寻宗教内在核心的真理。真正的觉者超越外在的宗教形式，而直接追问宗教永恒的核心真理是什么。我们讲的禅修的概念，就是这种探索宗教的内在核心真理的方向、方法和道路。我们追寻这种宗教性的真理，而不是追求宗教的外在形式；我们不追求一种宗教徒的身份，而追求一种宗教生活的品质。

用佛教的语言来讲，智慧和慈悲就是真正的宗教性。智慧，解脱自己；慈悲，解脱别人。真正的宗教真理就是这样，而这两者是相互结合的——真正的智慧就能生发出慈悲，而真正的慈悲也能开发智慧。没有智慧与慈悲的宗教，那只是打着宗教的旗号而已，并没有宗教的灵魂。所以对宗教最大的伤害，就来自于宗教内部那些缺乏宗教品质的宗派主义和自我主义。他们只看见这种外在的形象，而真正的神性是没有形象的。神是有宗派的，但神性是没有宗派的，神性的海洋遍及一切，它就像佛教讲的“法身”，两者是一个道理。如果我们把神固定化为某一个形象，成为某一个宗教所固有的特定的神，这就把本质的真理变成了一个固化的、执着化的信仰的对象。

综上所述，我们强调禅修是一种普遍性的内在探寻的方法和道路，是所有宗教的内在的核心，由此我们可以超越宗教的表象，去直接探寻那个根本的奥秘。而这种探寻，又跟科学家的科学探索有相似之处，它们不矛盾。科学家要去做实验，要有数据，要有分析，禅修也要有实验，也要有数据；科学家有他的成果，修行也有它的成果可以拿出来。两者是相似的，只不过方向不同，领域不同。科学是探寻一个对象世界，而宗教是探寻一个内在世界。

宗教本身有不同的层面，我们也强调宗教和宗教性的区别。从每个人自身来讲是“修身为本”，如果没有这种宗教性探寻的层面，我们就是一个没有真正灵魂的生命。把这个话题再扩展一点来讲，人类世界如果没有宗教性的真理来指引方向，人类的文明也没有前途。

人类文明好像一部大车子往前走，科学提供了动力，相当于加油门往前走，科技越发展加速度越快，油门越大速度越快，但是速度越快危险越大。宗教就相当于人类大车的方向盘和刹车，没有宗教智慧作为方向盘和刹车，人类文明这部车子迟早是要掉入万丈深渊的，因为它刹不住车，也不知道方向在哪里。科学有它的好处，也有它的危害，只有在宗教智慧能够驾驭前进方向的时候，人类的文明才有前途。这也是观虚斋教学为什么要出来传播这样一种智慧的一个更广泛的考虑，实际上我们都是在这部车上，我们是一个命运共同体；如果有更多的人能够走向这种觉醒之道，那我们不但是解脱自己，也是在为人类文明寻找方向。

所以修行不是一件小事情，我们每一个人的修行实际上都间接地为人类的净化在做贡献。净化自己，也就是在净化整个世界，因为生命的小宇宙和整个大宇宙是息息相通的。我们要做智慧探寻路上的先行者，每个人都要不断地去真正地走在智慧探寻的路上。

4. 进入禅修的状态

我们的课程不能只是坐而论道，而是要随时体认，随时实践，将见地落实到生活中去。

我们在静坐实修前，先做一个有意识的“发泄”，这是为静心所做的“前行”。尽量跟前后左右的人保持一定的距离，避免到时候你发泄时碰到别人。发泄是什么意思呢？我们内心里面有很多无意识的“伤口”，你受到的一些打击，你压抑的各种情绪，等等，自己平时还觉知不到，现在我们来一个清理。清理包括身、语、意几个方面，首先是从“语”一方面来清理，其清理的方式是“乱语”。你本来有很多想说的话而不敢说，但是我们现在给你提供一个场合，你可以随便乱说，想怎么说就怎么说，想骂我就骂，把你平时想说不敢说的话说出来。你可以胡言乱语，彻底让它乱，乱到极点了以后，它就变成不乱了，从混乱中发现秩序。其次是从行动上来清理，其清理的方式是说“乱动”，但是由于场地比较小，你还是要保持一定的警觉性，不要乱打人了。你也可以随意舞蹈，做一些你平时不敢做而想做的动作。最后是“乱想”，平时让你别胡思乱想，要静心，现在我们给你十分钟的时间，你可以胡思乱想，想什么事情都可以，你可以有各种幻想、各种无意识的念头，你让念头纵横驰骋，有意识地让它去，爱怎么想就怎么想，甚至一些你平时不敢想的事情都可以想，一切不可能的事情，你都可以让它可能。这样的话通过几分钟的清理，把受压抑的东西释放出来，这会为静心准备一个更好的条件。

大家要听话，让你乱就得乱，不要矜持不敢动，现在不用讲礼貌。叫你静，你使劲静却静不下来，老是胡思乱想；现在我们来一个反面，就是从混乱之中找到宁静。不再要求你一定要怎么去观想入静，你想怎么想就怎么想，完全放松。

经过这一段“发泄”之后，大家慢慢放松下来了。现在，我们已经准备要入静了。按照静坐姿势坐好，把眼镜摘掉，用小毯子把膝盖盖上。保持身体的平衡、端正，不前俯后仰，不左倾右斜，保持中正平衡，有意识地把这个头顶往上拉一下，将身体的中线捋直了。

刚才乱语时的混乱，其实就是入静的起点。让它去，让一切去发生，你只是一个观照，这就是完全的放松，完全的无为。这堂课我给你的口诀就是“无为”这两个字，全然地放下，完全地无为，不需要做任何事情，不需要练什么功，什么东西都没有，就是随它去，彻底放下。该发泄的已经发泄完了，当下就静下来，什么都没有，只有你的意识、你的觉知被留下来了。完全地随它去，完全地无为。现在身体不动了，嘴巴也不动了，不说话了，思想也不动了，不去想任何事情，完全地无为、放松，你只是全然在存在。

如果你静下来，就什么也不管了，保持这个状态。如果有胡思乱想，就默念一下“无为”，提醒一下自己，放开、放下。现在天塌下来都不管了，完全地无为，完全地放松。“无”到家了，“无”就是“家”。彻底地放松，让身体每一个细胞、每一个毛孔都完全放松，安住在它自己的位置上。全然放下，一切无事，只有灵明觉知，了了常在，无分别，而又什么都知道。

禅修的时候要防止两种病，一种叫昏沉，一种叫散乱。昏沉，你就失去了觉知，失去了意识，就是糊糊涂涂，昏昏欲睡。散乱，就是念头不断地奔驰，胡思乱想，忘记了自己在干什么，被自动联想带跑了。禅修要不断地回到你修法的主线上，记得忘掉一切，完全无为，安于当下，这就是从昏睡的状态走向清醒。觉知到你的胡思乱想，回到无为；觉知到你在昏沉，回到无为。这样不断地回到无为，保持这种无分别而有意识的状态，有觉知但是无分别，又空又明，空、明这两个条件缺一不可。空，是无分别，但不能昏沉了；明，是有意识，但不能散乱了。又有空又有觉，就这样。大家抓住这个机会，好好体验一下，找到你空明的觉性，你就是这个！

完全放松，眉头展开，轻松喜悦，不要皱着眉头。放松，不费力，不用力气，没有任何的造作，既不想要得到什么，也不怕失去什么，无得无失，就这样。

我们已经体验了静心的世界，现在可以慢慢从静心的世界回来，回到日常生活的世界。觉知一下周围的环境，感觉自己身体的存在，把自己修行的功德回向给众生，开始收功。两手张开，伸展到整个的宇宙，意念全宇宙的智慧、能量都汇聚到自己头顶上，从百会穴下来进入中脉，注入丹田，给自己灌顶。两手搓热，给自己干洗脸、干梳头、鸣天鼓，全身拍打，完成一系列的收功动作。

六、禅修的核心原理

下面我们讲第五个主题，叫“禅修的核心原理”，主要是生命的四层结构理论来阐释修道的核心原理。生命的四层结构理论模型，是观虚斋教学课程的一个重点，是重中之重，也可以说是我们整个教学的核心理论之一。我们可以把这个理论当作一个共通的理论模型，可以应用到你的生活、学习、修炼各个方面，这可以是一个根本的理论范式。从根本上说，这个理论不是我创造的，我只是做了一个总结，用我的语言来加以概括与梳理；但其本质意义其实在传统的佛教、道教里面都有类似的理论表达。

1. 生命的四层结构及其相互转化、相互作用

如我们一开始所言，我们是要来探寻生命的奥秘，就是要怎么样认识生命。前面我们是从两个大的方向——内在和外在——这样一个二分法来讲这个生命；而对生命的认识，除了内外这两大层面之外，进一步可以分为精、气、神三层，再进一步就可以分成精、气、神、虚四层。分两层、三层或四层都是可以的，不同层的分法有不同的道理，它们不是互相矛盾的。不能说只能分四层或者只能分三层，如果扩展下去，你也可以分成五层，六层……都可以，但是四层是非常恰当、非常合理的一种分析模型，用起来特别方便，我们采用四层模型来观察生命的系统。

所谓的四层模型，就是我们认识一个生命，你从外往里面看，看到生命是一层一层结构，这样就能把整个生命看清楚，而我们最大的问题恰恰是对生命缺少这样一种内在的了解，只看见外层的生命，所以我们会有一种错觉，好像我的生命就是这个

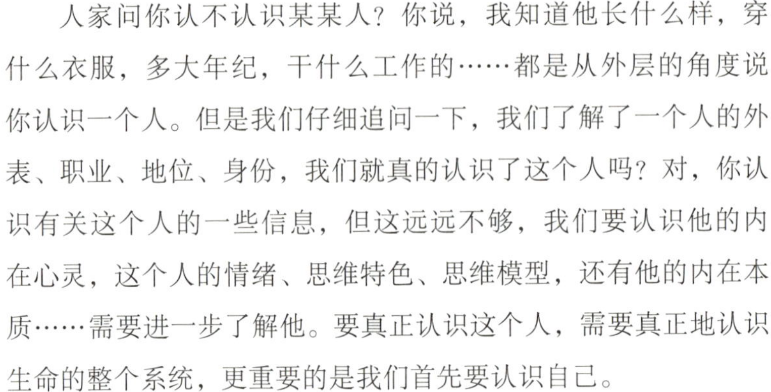

身体。

人家问你认不认识某某人？你说，我知道他长什么样，穿什么衣服，多大年纪，干什么工作的……都是从外层的角度说你认识一个人。但是我们仔细追问一下，我们了解了一个人的外表、职业、地位、身份，我们就真的认识了这个人吗？对，你认识有关这个人的一些信息，但这远远不够，我们要认识他的内在心灵，这个人的情绪、思维特色、思维模型，还有他的内在本质……需要进一步了解他。要真正认识这个人，需要真正地认识生命的整个系统，更重要的是我们首先要认识自己。

一般的世间学问，不管是哲学还是其他什么学问，它们对生命的认识，基本上就是认识到心理层面、思想层面，就够了。对生命核心的一个层面，我们把它叫作本体层面，这是一般的学问没有研究的，是一般的人没有了知的。而这第四层——本体层面恰恰是整个宗教或者整个灵性探寻的核心，也是我们整个修行要指向的核心。

生命的四层结构是我们借用道教内丹学的语言——“炼精化气、炼气化神、炼神还虚”，把生命由粗到细、由表及里分为“精、气、神、虚”四大层面。生命你可以更细微地分成更多的层面，但是有这四层，基本上可以把握生命的总体结构。我们这里是借用内丹学的“精、气、神、虚”这四个名词来表达生命的四层，但是我们的理解和讲法不完全是按照道教来讲，我们讲的是一个普遍的、公共的理论模型，它融合了各大宗教的核心智慧和核心原理。所以这堂课是非常重要的，真正理解了这堂课，你会有一种“一览众山小”的感觉，你能够看清楚很多问题，你可以结合自己工作、生活的实践，去运用这个理论模型。

第一层是“精”，精代表人的身体，也就是肉体层面。所谓的精，就是肉体的精华物质，用“精”来代表我们的身体层面。身体这一层本身也还有不同的层次，有粗糙与精微的不同层面，我们用“精”这个词，来概括身体的层面。身体层面有的系统里称之为“浊体”，是身体的粗浊的层面，这一层面我们把它叫作生命的“物质结构”。

第二层是“气”，气代表的是情绪、能量。在某些系统里，称这一层为“精体”，那么“精体”的“精”与我们这里讲的四层结构里的“精”的意思是不一样的。在我们的四层结构系统中的“精”，讲的是肉体的精华物质，属于物质层面；“精体”中的这个“精”是“精微”的意思，是相对于上面讲的“浊体”而言的精微之体，它代表的是能量，恰好相当于我们这里讲的“气（炁）”，“气”这一层代表能量，我们把它叫作生命的“能量结构”。

第三层是用“神”这个词来代表，它指的是生命的理性、思想、思维这个层面，相当于我们生命的一个中央信息处理系统，在有的传统里把这个层面称之为“心体”，我们把它叫作生命的“信息结构”。

第四层是“虚”，代表的是生命的最核心的层面，就是“主人”，或“灵魂”的层面。这里的“主人”或“灵魂”，不是说我执层面的那个“我”，那还是第三层面；这里是指灵性的概念，相当于佛教讲的“佛性”“本性”的概念，因为“虚”是无执而广大的自性。这个是真正的灵性的层面、精神性的核心的层面，我们把它叫作生命的“本体结构”。

我们先大致记住“精、气、神、虚”四个层面，它们分别代表生命的物质结构、能量结构、信息结构和本体结构，这是生命的四层结构模型。

这四层，我们可以看作是四层楼结构，是一层一层往里走，走向生命的核心。我们可以借用一辆马车的比喻来说明一下四层结构有关系，当然这个比喻是有局限的，任何比喻都是有局限性的，只能相对地帮助我们理解。

如果把生命比喻成一辆马车，那么第一层是什么？就是车身。马拉着的那个车，就相当于身体，所以车身代表第一层物质结构。马车的“马”代表第二层能量结构，驾驶这台马车的人相当于生命的信息结构，这台马车的主人相当于生命的本体结构，我们借用马车的比喻来理解生命的四层结构。

这四层它们之间是相互作用、相互联系、相互影响的，任意两层之间都可以发生关联，但是相邻的两层它们的关系更为直接。也就是说，第一层“精”也可以影响第四层的“虚”，但是“精”更直接的影响是“气”。“气”直接影响“精”，也影响“神”，但是它也会影响“虚”，它们四层之间都有关联，但相对来说，相邻的那两层关系更为密切，更为直接。

借用马车的比喻来讲，我们生命的目前的现状是什么呢？问题出在哪里呢？根本的问题是“主人”不在。这个马车的主人不在，他不管这个马车，他不知道到哪里去了。另外，驾驶员驯马的水平很低，他不懂马的语言，对这匹马的性情搞不懂，驾驶比较任性，他自己也不知道马的性情如何，驾驭这匹马的能力也比较差。马的脾气比较暴躁，很容易失控，经常会拉着车子乱跑，所以这个车身经常会遭到破坏，但没有人会对这台车子负责。马也不管车子的死活，不管什么样的烂路它都会乱跑一气；而马车的驾驶又不懂马的语言，它们之间缺少一个有效的连接，没有一个有效的信息沟通的渠道。也就是说，第四层不在场，第三、第二、第一这三层之间没有达成和谐，乱作一场，于是生命的这驾马车不堪重负，很容易毁坏。

首先我们是没有觉悟的，是没有主人的，是昏睡的，只有"群我"而没有主人。其次，我们的思想、意识都是假我，这个层次的我没有真正的自主性，他也不能真正地负责任，所以他不能够有效地驾驭这匹马，我们的情绪之马基本上是失控的。认真反省一下，就会知道我们没有对情绪的掌控，反过来我们是被自己的情绪所掌控。情绪之马失控之后会伤害车身，我们的身体也没有得到应有的爱护和保护，我们的很多行为会伤害自己的身体。车身的破损又会加剧情绪之马的混乱，进一步影响驾驶（信息结构），整个的混乱不堪又使我们更加成为没有自觉、没有主人的状态。

对生命的认识，要有"精、气、神、虚"四层结构的整体视野，这样我们就能够把生命的认识提升到一个新的高度，一下子就能够看清楚它的整体结构。

你要了解一个生命，要了解到生命的四层，才是真正了解生命了。看起来这四层结构也比较简单，好像没有什么太大的意义；但实际上从四层结构的生命模型出发，可以在很多学科、很多领域当中有一个颠覆性的认识并发挥巨大的作用。下面我们就以这个生命的四层结构的理论模型为基础，来分析它在一些领域当中的运用，广泛地展开来讲的话，可以讲很多方面，这里只能选择一些主要的方面来讲。

2. 生命的四层结构理论模型在医学领域的运用

我们首先讲一下在医学领域的应用，这个跟我们的身心健康关系非常密切，是我们最容易理解，最能够感受到四层结构理论的重要性的一个领域。

我们知道，现代医学是以西医为代表，好像西医是科学，中医现在不知道是不是科学，有点糊里糊涂。

中医和西医之争，实际上它们不是在一个层次上，用科学的语言表达，就是中医与西医两者不是同一个“范式”，它们无法用自己的知识框架来判断对方的是非对错。而现在最大的问题，是我们往往站在西医作为科学的基础上来判断中医，结果就完全无法真正地理解中医的奥妙。如果我们把生命的四层结构理论模型作为更普遍的理论范式，用它来观察中医与西医，就可以很清楚地搞清楚它们之间的关系。我们不能说中医或西医是“不科学”的，问题是中医或西医它是哪一个层面的科学，搞清楚它处理的是生命四层结构中的哪一个层面，这是问题的关键。

以西医为例，我们到医院里去，无论是健康还是疾病，西医关注的都是第一层，即生命的物质结构。你是否健康，你要去做体检。我们都参加过体检，它检查的是什么呢？就是身体的各项指标，对吧？没有一项体检是检查你这个人的精神状态如何，情绪如何，能量状态如何，更谈不上检查你的思想了。如果说一个人精神有毛病，他肯定会很生气，他会说：“你才有精神病，我精神很正常！”不但医院检查只管身体，我们自己也没有全面检查自己的四层，把健康与疾病完全归之于第一层结构。

所以西医衡量人的身体健不健康，就是一套身体的指标，这个是完全局限在第一层。西医认为你有疾病，也完全是在第一层来看的——通过检查发现你五脏六腑、身体器官有些什么问题，哪些地方被伤害过，哪个地方指标不正常……所以无论是疾病还是健康，西医都是在第一层物质结构上来观察与处理问题。

当然，西医也在发展之中，最新的进展也会牵扯到生命更高的层面，因为西医也在反省，也在进步。但一般来说，传统的西医或者说层次比较低的西医，他基本上就局限在第一层来看待生命，他对生命的治疗也只是在第一层。你去医院体检或者治疗，你吃的那些药，都是针对你的第一层。也就是说西医是在修理这辆“生命马车”的车身部分，这是西医的特长，也是西医的局限。比如说针对身体的一些外科手术，西医是有它的特长的，它能够救急，在急救的时候，它能够有一些技术手段挽救人的生命，但问题是生命本来就是四层结构的统一体，如果光从某一层面看生命的话，这会出大的问题。

我们已经说过，生命的四层是相互作用、相互影响的。身体之所以有问题，它不仅仅是身体的问题，它同时牵涉到我们生命的能量结构、信息结构，甚至是本体结构。当我们仅仅从生命的第一层物质结构来看待身体的健康和疾病的时候，我们就有很大的局限性。事实上，很多的疾病是心因性的，它跟你的情绪和思想有关联，这一点已经得到了越来越多的证明，甚至西医也慢慢开始认识到了，但是在它的治疗方法当中，它还没有把这种情绪处理与思想转化的方法，当作治疗的关键的手段和重要的领域。

如果我们身体的疾病，它的根源是来自于生命能量结构的失衡，是因为能量结构的阻塞而导致了身体的障碍，那么我们仅仅从物质结构去治疗的话，就是真正的“治标不治本”。即使西医把身体的问题好像解决了，那也只是把这个症状暂时解决了，并没有找到导致问题的原因。这其实不是治病，他没有把你治好，他是强行把这个现象扭转，把症状消除掉。假如我们把生命比喻成一条河流，那么西医只是看见这个河流里面有脏东西，有垃圾，他就把它清理掉；但是垃圾是从哪里来的，他没管。因为没有处理垃圾的源头，河流依然在源源不断地产生垃圾，这是清理不完的，所以你要清理生命的河流——能量结构，提升其净化垃圾的功能，而不仅是处理垃圾。

到能量结构这一层，中医明显是比西医要高一层，因为中医处理的大多数是能量结构这一层面。中医要给你号脉，看你身体平衡不平衡，阴阳是不是调和，中医也比较关注人的情绪问题，这都属于能量结构层面。但中医本身又有不同的层次，要看中医的水平如何，一般的中医可能注意到能量这一层就不错了。更高明一点的中医，他就一定会关注到信息结构这一层面，他会关注你的精神状态，因为人的信息结构又跟能量结构是相互作用、相互影响的。你为什么会能量阻塞、能量不通？那是因为你思想上有疙瘩。要记住，思想中有一个执着，有一个烦恼，就会导致气脉上有一个障碍，有一个阻塞；而气脉、能量结构上的阻塞、障碍，最终会体现为身体的障碍和疾病，这是一层一层影响过来的。思想上为什么会有烦恼？为什么会有这么多的疙瘩？是因为你不认识真正的主人，因为你没有找到精神的家园。这个思路清楚了吧？把这四层来来回回相互影响的关系理清楚，你对生命的健康与疾病的问题就会发生一个革命性的变化。你可以看身体的毛病，但你不光是去治身体了，你要找它生病的根源。

我们这一套修道的理论和方法，本质上就是一种真正的医学，它是一种全科的医学、全层次的医学，它处理的就是一个人的生命整体的系统。我们是让你成为一个真正健康的人，一个找到生命主人的人，找到精神家园的人，然后你才心有安顿，精神舒畅，你的能量也畅通，身体也健康，所以这个才是生命中真正的智慧与财富。修行要让你成为一个真正健康的人，生命的四层全都健康，这才是一个“真人”；“人成即佛成”，这样一个真人也就是佛了。而我们目前这样的人，还谈不上是一个真正的人，你不知道生命是怎么回事，就是“群我”在乱动，简直“群魔乱舞”，你哪有主人呢？你没有主人，你不是一个“大人”，是一个“小人”。大人是以天下为一体，与天地万物为一体，而小人是局限在小我、小天地上面。

当你去医院治病，如果你仅仅局限在西医的治疗模式里面，其实是非常危险的，因为西医它没法对你负责任。包括医生本身，他根本没有生命的整体概念，他只是查你的身体有什么毛病，就直接针对症状给你下药治疗，但是因为忽略了生命的整体系统，这种治疗往往会造成对生命更大的伤害。因为现代医学就是这个水平，他的治疗符合所谓的科学，你不能怪他。

进了医院，越有钱的人越危险。穷人进了医院反正没几个钱，医生也懒得管他，对他兴趣不大，开了便宜药，对付一下拉倒。一旦一个有钱人进来，这是一笔好生意，尽量让他吃最好最贵的药，尽量让他动最好最贵的手术，找最好最有名的医生！本来他只需要装一个支架，因为这人有钱，可以给他多装几个，用德国进口的。有钱人也感觉自己很了不起，你看我有钱，我能装德国的支架，你装一个我装俩。可是，装两个就危险了。所以越是有钱的人，越容易成为医院的“贵宾客户”，在进了医院之后，基本上就是让你倾家荡产，不把你治死不罢休，不会让你轻易出院的。你治完这个病，再去检查一下，医生说上次那个问题解决得差不多了，指标比较正常了，血压已经正常；但是现在另外一个指标的检查结果出来了，你的胃不正常了。你吃多了药，引起了新的问题……他们总是折腾来折腾去，没完没了。现在他们发明了一个词，叫“终身吃药”，比如你得了糖尿病，医生说有药可以控制病情，要不断地吃药，不断地调节，补充胰岛素。这不是治病，他们说糖尿病是治不好的，需要终身服药。治疗糖尿病不是恢复你正常的胰岛素分泌能力，而是不断地为你补充胰岛素，让你维持下去，最后让你倾家荡产，把钱花的差不多了，最后不了了之。

为什么糖尿病需要终身服药？因为你根本没有真正地把身体恢复正常，你给病人不断地打胰岛素之后，人体分泌胰岛素的能力也就彻底丧失了！这不但不是治病，而且是将病稳固下来，堵死了身体恢复正常的通道。这样，像癌症这样的病，你治也是死，不治也是死，因为西医根本就没有办法治，它不知道病因与病理，只能是针对症状去做一些维持性的处理。我觉得很奇怪，既然被西医宣布为不治之症，你为什么要到医院去被他们治死呢？就为了医生说的可以多活一两个月或者半年？通过治疗到底是不是真的多活了几个月，其实是不一定的，也许治疗之后反而是少活了几个月。你以为经过这么多治疗之后，你才多活了几个月，很可能不治反而可以活更长的时间。对于西医来说，癌症是不治之症，他一开始就没有告诉你说这个病能治好，他只是说所有的化疗之类的各种手段，或许可以让你的生命延长一段时间，这本身也是没有保证的，基本上是一种广告。如果按照西医的治疗思路，癌症基本上是没有救的，他说给你延长生命几个月，实际上也只是一种让你接受治疗的说词，没有医生会提供保证的。既然这样，这种对癌症的治疗还有什么意义呢？

如果把两个癌症病人同时去作对比，一个是去医院治，一个不治，比较一下看谁活得长，站在四层结构的整体角度来讲，不治的人可能活得更长！因为治疗只是针对第一层的症状，而不治的人可能在第二层、第三层甚至第四层上得到调整，诸如情绪上更稳定，心情上更放松，这时候“不治”实际上就成为一种更好的治疗！

我留心了一下一些相关的报道，有些事例充分说明了这个道理。比如说有一个医生他圈子里有几个朋友得了什么癌症、心脏病之类的重病，反正都是不治之症。这个医生朋友就非常负责任地说，我是医生，我们这里有最好的治疗中心，有最好的医生来帮你治病。其中有两个朋友就听他的话去接受治疗了，还有一个朋友他想通了，他说既然是不治之症，治也没有意义，干脆把我的家产全部变卖，拿着钱去世界各地走一走，还有很多地方没有去过，想临死之前去看一看。于是，他就决定去全球旅游，去游山玩水，反正活一天算一天，活一天赚一天，他就不管病了，想着怎么利用他剩余的生命时光，去享受生命。

过了一段时间，接受治疗的两个病人相继去世，这位医生还觉得很安慰，我给了朋友最好的治疗，延长了他们的生命，心想那个没接受治疗的朋友可能早就死了。有一天想起来了，就给他打电话，看他还在不在人世。一打电话，居然通了，问这位朋友，你在哪里？朋友说，我正在巴黎旅游，还挺高兴的样子。医生觉得很奇怪：你怎么还没死？朋友说：你这算什么话？怎么这么说我？医生说，你们三个人同时得了绝症，那两个朋友都去世很久了，我想起你了，以为你也早就过世了。我就不了解，你是怎么回事呢？那位朋友说，我最近刚刚去医院检查过了，什么病都没了，指标完全正常。医生就显得极大的震撼，他开始深入思考，我帮忙的两个朋友都给我治死了，我没帮忙治疗的却活下来了，这里面一定有深刻的道理。于是他就组织了一批专家，去研究这个人为什么活下来了。后来据他的研究成果，他找到的理由是，这个人在快乐的旅行当中，心脏分泌了一种特殊的荷尔蒙，或是一种什么激素，能够对付癌症，这是他的一套理论。

这种说法我们不去管它对不对，但至少这种解释是猜谜语式的，没有清晰的理路。如果用我们的生命的四层结构理论，对这个现象就可以做很好的解释，其原理是很清楚的。因为癌症它是体现在第一层结构即身体层面上，但它真正的原因不在第一层，而在于情绪（第二层）和心理状态（第三层）。你心理上有一个

"癌"一般的问题，有一个执着或者有个什么挂念、有个恐惧，导致了能量层的一个阻塞，最后在物质结构层面表现出了癌的症状。治疗癌症的关键，不在于第一层的症状，而是导致这个症状的第二层、第三层的原因，要把第三层的纠结和第二层的阻塞化解了才行。那个游山玩水的人他彻底放下了，他精神状态先调好了，然后情绪也调好了，能量也调好了，第三层、第二层两层都调好了以后，第一层面的问题自然就解决了。这就是治疗癌症的一个真正合理的思路。

前一段时间我推荐过一本书，叫《死过一次才学会爱》，这本书的作者讲述了自己作为一个癌症患者被治愈的特殊经历，她的经历对我们特别有启发意义。

作者是在中国香港生活的印度人，她得了癌症之后，有段时间就回到印度去治疗。印度也有一些民间疗法，治疗效果挺好的，她慢慢又比较正常了，于是又回到香港。在香港她有一帮学西医的医生朋友，他们说癌症是几乎治不好的，你怎么会相信印度那些迷信呢？你赶紧到医院来检查，来治疗。受这些医生朋友的影响，她又开始怀疑自己了，又按照西医的想法重新接受检查和治疗，一段时间后，癌症又回来了。西医就说，你看我说中了吧？我说你的癌症没治愈，你还不相信，你上当受骗了，来我们这里做正规治疗吧！于是就按西医的方法接受治疗，但在西医里面越治越严重，到最后就到了癌症晚期，到了濒死的边缘。西医说已经没有救了，本来没有致死，被西医往死里治了。

在最后的关头，这个人因为她有一些修行的经历，有一些特殊的根器与感应，才得以死里逃生。有一个时间她就离开了她的肉身，她的灵魂清楚地看到她自己躺在病床上，周围的人在给她抢救，在做什么东西，她都很清楚。她在那个状态当中，闪电般地回顾了她的一生，到底症结何在？在恍惚中她看见她的父亲，父亲给了她很多教导，把她以前的纠结都打开了。她发现自己内心深处的恐惧就是怕自己得不到爱，怕别人不爱她。然后她一下子整个灵魂就经历了一个疗愈的过程，她看清楚了问题，而且她在那个状态当中就非常喜悦，就相当于进入了生命的第四层（本体层），找到了她自己真正的法身生命，充满了光明。这是一个神奇的经历，她离开了肉体之后，自然地进入了第四层，然后在那个境界中发生了一些精神的转化。本来她感到很喜悦，想就此离去，后来她的父亲劝她要回来，说你的使命还没有完。听了在天上（灵界）的父亲的劝告，她看着自己在病床上的身体，慢慢地她又回来了，回到了身体之中。

回来以后，她的身体马上就发生了革命性的变化。本来她的肉体已到了濒死的边缘，医生已经基本上放弃了抢救的希望，但她慢慢回来之后，回到肉体之后，她的生命一下子有一种莫名其妙的强大的生命力，很多指标竟然快速地开始变得正常了。医生们感觉到非常奇怪，这都快死的人了，怎么又神奇地活过来了？医生们又赶紧抢救，觉得很欣慰，我们的医疗水平还是挺高明的，终于把你从死亡的边缘给抢救回来了。但这个活过来的人已经知道自己是怎么回事了，她不再上当了，很快她就把治疗停止了，回家了。后来她完全恢复了健康，开始在全世界做演讲，讲她疗愈的经历。

这也是一个活生生的事例，对我们讲的生命的四层结构理论是一个很好的说明。最重要的是第四层，找到生命的真我、主人具有惊人的疗愈功能，而第三层、第二层的调整，都是治疗身体疾病的有效途径。

从这两个故事当中，大家会对生命有一个真正的认识。以后我们身体如果出现什么问题，一定要从这种全面的角度，从整体的角度去看待生命，千万不要上西医的当，你要上了它的当，它就是往死里折腾你。西医一开始就已经下结论了，说癌症是不治之症，一旦判了你的死刑之后，你的心里就起了变化，你自己跟着认为自己是等死的，有了这样的心态就真的是没有希望了。因为心是第一因素，心不死，人还可以活过来；心都死了，你还活什么呢？

有两个人同时去体检，体检完了，有一个人得了癌症。那个得了癌症的人就因为有恐惧，马上就快死了；快死的时候，医院给他发通知，说你拿错了检查报告，是另外一个人得了癌症。实际上是另外一个人得了癌症，他因为拿错了检查报告，以为自己没有得癌症，他就很高兴，活得好好的，啥事也没有。反而是这个没得癌症的，因为拿错了体检报告，以为自己得了癌症，他就真的快要死了。这看起来是个笑话，但真有这种事情，我们用四层结构理论去解释，就可以非常清楚。当一个人心灵受到打击，产生极大的恐惧时，他的生命马上就完了，活活被吓死了，生活中真有这么回事。

我听过一个朋友讲他自己亲身经历的故事。有两个哥们，一个是四十多岁，这个朋友不怎么去体检，另外一个哥们比较有钱，他说你这四十多岁也该体检了，你跟我一起去体检，我给你

提供经费，我免费给你做一次体检。这哥们一看有免费体检的机会，就去体检了，一体检，查出来说他有什么很严重的问题，后来这哥们不久就死掉了。那个帮他免费去体检的朋友就产生了极大的自责，觉得我这是把他害了，因为他如果不知道这个问题，他就不会死；医院的体检报告一出来，他就给自己设定了一个死亡的程序，认为自己是要死的，还有一个多月或者两个月的期限，自己把自己往死里送走了。所以，哀莫大于心死。

真正的治疗，必须着眼于生命的整体系统。有的高明的中医，他根本就不看你身体有什么疾病，直接就从第二层来看，看你的能量有什么纠结没有，看你气脉的问题、能量的问题，他先找这个。从气的角度，看你气通不通，他直接把你的气理顺了以后，你这些问题就好了。所以中医的治疗，有一个重要的思路，它就是整体的调节，调节你生命的整体功能。要注意，中医的五脏系统，它不同于西医的五脏器官，中医讲的“心”，不是指心脏这个人体器官；中医的五脏实际上是代表了五大功能系统，它是对生命的一个系统解析，就是五种不同的功能系统，它们之间是一个相互作用、相互影响的关系，可以五行相生相克来理解，这是对生命的一种更高层的理解。你说它不科学，那是你从狭隘的科学观出发，实际上它是更高层次的科学，是生命的系统科学。

如果从更高一层来讲就是“神医”，达到第三层了，就是心理、思想层面的医生。他不直接看你身体上有没有什么毛病，而是把你的心理状态恢复正常之后，那下面两层的毛病也就治好了。再高一层是“道医”，也可以说是“佛医”，医生的最高境界得道的人，就是佛。佛是“大医王”，真正的医生就是佛。佛让你找到生命的主人，让你成为生命的一个自觉者、主宰者，让你找到生命的终极的家园，这样所有的问题都解决了，这就是彻底的解决方案。我不能说我到了佛的境界，但是我是向着这个方向走，我们要成为一个真正的医者，就要能解决人的全部四层的疾病，让人得到真正的解脱。

这是我们讲的四层结构理论模型在医学上的运用。

问：心理医生处理的应该是哪个层面？

心理医生当然是处理第三层。心理学家虽然要处理的是第三层的问题，但是他没有四层的概念，他自己本身的第三层也是有问题的，一个第三层有问题的人去帮助别人解决第三层的问题，这个作用是非常有限的。所以一般心理学的作用就是把那些特别不正常的人变得像正常人一样。但正常人也是有问题的，只是他是比特别有问题的人要好一点，他在平均水平的位置上，就称之为正常了。我们每个人其实都是心理上有问题的，都是有病的，但是我们不把这个普通水准的心理状态称之为有病，还有一个水平更差的状态，把那个更严重的状态称为病态。心理医生把它治疗到我们正常人的水平，就说把他疗愈了，他能够正常生活了，其实只是和正常人一样，都还是在病人的层次。在佛的眼里，众生都是有病的，因为人生都是有烦恼的，烦恼就是病，八万四千烦恼，就导致了各种的毛病。如果一个心理医生能进入修行的世界，达到觉悟的境界，他就成为真正的道医或佛医，他才能真正地治疗心理病人。

3. 四层结构与七种人

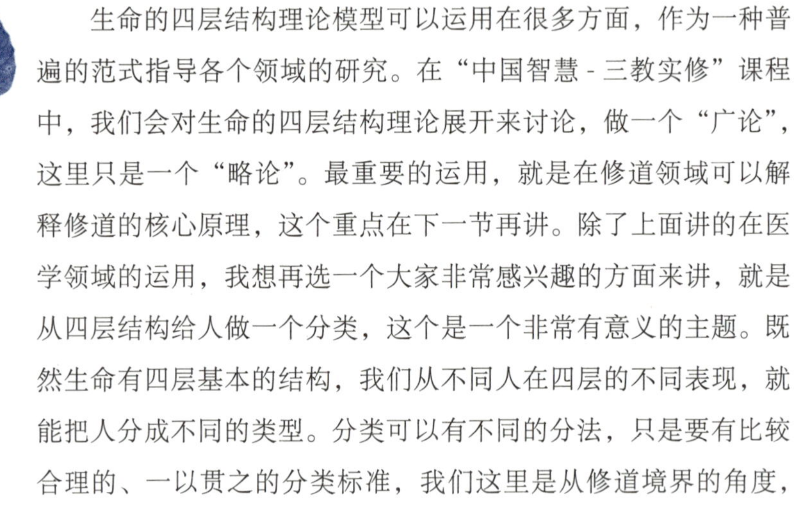

生命的四层结构理论模型可以运用在很多方面，作为一种普遍的范式指导各个领域的研究。在“中国智慧 - 三教实修”课程中，我们会对生命的四层结构理论展开来讨论，做一个“广论”，这里只是一个“略论”。最重要的运用，就是在修道领域可以解释修道的核心原理，这个重点在下一节再讲。除了上面讲的在医学领域的运用，我想再选一个大家非常感兴趣的方面来讲，就是从四层结构给人做一个分类，这个是一个非常有意义的主题。既然生命有四层基本的结构，我们从不同人在四层的不同表现，就能把人分成不同的类型。分类可以有不同的分法，只是要有比较合理的、一以贯之的分类标准，我们这里是从修道境界的角度，依据不同的人生活的重心在哪一个层面以及修道的不同层次，可以把人分为七种类型。

第一种人，是生活在第一层的人，他主要的精力、主要的关注都是在生命的第一层即物质结构层面，这种人完全以他的肉体为中心，他快乐不快乐、满足不满足，都是以身体为中心的。这种人只要吃得好，睡得好，头脑简单，四肢发达，这是第一种人。

第二种人，是生活在第二层的人，他生活的中心在第二层，不是说他没有其他的各层，而是说他最突出的表现是在第二层即能量结构层面。第二种人他是以能量、感觉、情绪为核心，他的理性思维不是很活跃，对身体也不是很关注。这种人更多地生活在感觉的世界，艺术感觉的能力比较强，对周围的人和事特别有感觉；但是你要与他讲道理，他讲不清楚，他是由着自己的能量、性子来。艺术家里面很多人是在第二层。

第三种人，就是以第三层即信息结构层面为中心的人，他的理性思维特别发达，他一天到晚是用脑子去想事情，他感觉不是很敏锐，对身体也缺少感觉、缺少关注，他是一个纯粹的思想的人。很多大哲学家就属于这种人，比如康德，他就是沉浸在他的思想世界中，要把这个思想理清楚，建立一个思想的王国，但他其他方面的能力不是很强，处理生活的能力也不是很强。有时候他会像一个小孩子一样，是很简单的一个人。他思想那么复杂，但是在现实生活中他并不是一个全面发展的人。他甚至用思想的方法去处理爱情，这样他就没有办法结婚，因为思想解决不了“爱”的问题，等他想清楚了，早已错过了。

我们现在讲了前面三种人，他们生活的中心是在前三层，这三种人都是我们在现实世界当中可以找到的人，是你周围就可以看得见的人。从第四层开始，后面的就已经不是现实的普通人了，我们就要进入修行的领域来讲，是达到某种修行境界的人。如果按照前面的逻辑顺序下来，你可以说第四种人就是生活在第四层即本体结构层面的人，那这样的话，就是把人分成了四大类了。但生活在本体层面，也就是一个成道的人，是成佛的人，在到达这个终极境界之前，还可以细分一下，按照修道的阶次与不同的进展，我们可以把人总分为七种人。

第四种人，是获得了完整的修道正见的人。你们通过这两天

的学习，对整个修行的原理、方法和方向有一个清楚的认识、完整的洞见，这样的话你跟一般人已经不一样了，你知道生命的四层结构，你知道有一个本体结构的层面，你是在进行内在工作，要追问我是谁，要走向开悟。你开始了这种探寻，开始走上这样的道路，也就是说一个真正的求道者是第四种人。光是听了这两天的课，还不一定是第四种人，如果这两天的课你听进去了，听懂了，掌握了正见，考试及格的人，可以说你是第四种人。对宇宙生命的奥秘，在理论上、在理性层次上已经有一个清楚的认识，他认识到生命最大的意义是什么，他要去追寻，走上求道之旅，他有这样一个完整的洞见，这是第四种人。第四种人已经不是轻而易举就可以得到的，有一些宗教徒或者号称是求道的人，他不一定是第四种人，他可能还是前三种人。所以，我们这门课程的目标之一就是把你变成第四种人。当然，有一些高人可能早就是第四种人了，那你到我们这课程来，我们就希望让你更提升一步。

第五种人是什么呢？第四种人在具有修道正见的基础上，他开始正修，通过正确的修行道路，他获得了第四层本体结构的体验与了解，也可以说是“见道”了，初步悟道了，我们把体验、认识到自己生命的本体结构的人，称为第五种人。第五种人对本体的认识已经不光是理论上的，因为第四种人理论上已经认识到了，第五种人是在实证、体验上已经认识到自己生命的本体结构，也就是初步知道了“我是谁”，找到了主人公，这是第五种人。

第五种人找到了生命的本体结构之后，他因为有各种各样的习气、业力、习惯，他并不能够随时随地都活在这种本体结构之中，在大多数时间他还会遗忘，他又回到了前面四种人，所以第五种人他对本体的体验与认知还不稳定。如果他这种认知稳定下来了，相续下来了，他的“智慧”大于“业力”，也可以说他已经达到了不退转的境界，他在求道路上发生了一个革命性的变化，就是他在智慧这个方向上已经超越了业力的方向，业力已经战胜不了他的智慧，也就是他的主人已经可以常在，不再会长久地失掉了，这是第六种人的境界。

第六种人，虽然说可以常常回到他生命的本体结构，但是他的业力、业习未尽，没有完全消化干净，还没有真正成道，所以才有第七种人。

第七种人就是不但能够连续地、稳定地认知自己生命的本体结构，而且通过这种智慧的领悟，彻底破除了自己的习气和业障，他的生命只剩下一片澄明，不再有任何的昏睡，业力、习气被消化干净了。第七种人，就是真正成佛了，成道了，这也是我们修行的终极目标，我们的目标就是成为第七种人。

这样从实际证悟的程度来区分不同层次的人，我们就超越了宗教派别的观念，不管你是什么佛教、道教，你是哪一家哪一派我不管，我从客观的角度看你是哪一种人，我给你建立一个标准化的衡量体系，我不管你是哪一宗哪一派，我就去看你达到什么境界。这样也就打通了不同的宗教，为宗教间的对话开启了可能性。

从七种人的角度来看，我们就可以理解宗教徒的问题。宗教徒本身还是一个外在的身份，你自己到了哪一层的境界，这才是关键。假如我们是前三种人，我们就没有资格号称我们是某某宗教的信徒。你要做一个真正的佛教徒，你就要能够按照佛陀的教法去做人做事，要能够掌控自己，有一定的掌控能力。如果你仅仅是在前三层的话，你就是一个俗人，不管你加一个什么样的外在的身份，不管你穿什么衣服，你都是俗人，你只是打着某一个宗教的旗号而已。所以有很多宗教徒的表现令人不满意，这是很正常的，因为他没有进入第四层，他还不具备一个宗教徒的基本素质。唯有进入第四层之后，我们才有资格说我们是某一个宗教的信徒。因为我们有正见了，我们对这个宗教才会有一个真正的了解。前三种人的宗教都是主观的，都是世俗的。他信什么宗教都不重要，他就是一个俗人，他信哪个宗教，哪个宗教就被他所玷污，他根本就做不到宗教徒所要求、所该做的一切。要成为一个合格的宗教徒，首先要找到自己，要有自觉自控的能力，我才能够按照宗教的教导去行事，所以做一个真正的宗教徒不容易。南怀瑾先生就经常谦虚地说，我可不是佛教徒，我做不了佛教徒，没到佛教徒的境界。这大概也是一种讽刺，一方面，他是不屑于做这种佛教徒的，因为很多佛教徒的表现都不合格；另一方面，南先生说的也是实情，做一个真正的佛教徒确实不容易，要能够按照佛陀的教法去做人做事，真正做到了，才能说自己是个佛教徒。

如果我们这样把人分成七种，这个分类本身又可以作为一种普遍的理论模型，可以用到各方面的研究上去。比如研究哲学，在座的有哲学系的老师，哲学我们从七种人来看就有七种哲学，七种人有七种哲学，每一种人的哲学，它的境界或者它的体系是不一样的。宗教也是如此，七种人就有七种宗教，这不是从“横”的维度看你信哪个具体的宗教，而是从“竖”的维度看你信宗教是在哪个档次。

只有到了第五种人，他所信仰的宗教才是真正有核心的，他才真正可以说他是某一个宗教的教徒。因为他第一次有了主人了，在没有主人之前，你是信什么宗教，那都是说着玩玩，都只是一个代号。第六种人就是一个真正的宗教徒的典范，他能够做到一个最佳的表现，他也可以去传播智慧的教法。第七种人完全超越宗教，你不能说他是宗教徒，你不能说佛是佛教徒，也不能说基督是基督徒，他是宗教的教主，是宗教徒信仰的对象。

你不能说一个第七种人是哪个宗教的教徒，他不需要再去认同某一个宗教，而他自身就是宗教的源头。第七种人是所有宗教的源头，是伟大宗教真理的源头，他本身超越了任何宗教，但为所有的宗教的开启奠定了基础。真正有意义的宗教，真正的大的宗教传统，它一定是来自于第七种人，只有第七种人才有资格创教。

4. 修道的核心原理

下面进入我们的主题，讲生命的四层结构理论模型在修道方面的运用。我们的重心本来就是要讲修道，其他方面的应用大家可以自己去举一反三、触类旁通，今天主要是用生命的四层结构的理论模型，来阐释修道的核心原理。如果在修道的核心原理这方面，我们用生命的四层结构理论把它理解清楚，那么你可以对各大宗教的修行原理与方法，都能够得到一个一以贯之的了解，对生命的实相也会有一个清晰的认知。

当我们进入修行的领域，走上禅修的道路，我们就需要搞清楚“修什么、怎么修、修到哪里去”等一系列的问题。有没有一种理论模型能够把这些问题加以通透的解释？实际上各大宗教传统都有自己的一套理论来说明这些问题，但我研究的结果是，生命的四层结构理论模型，可以贯通诸大宗教的基本理论，可以把修行的道理讲得非常清楚、非常透彻。用这个理论来阐释修道的核心原理，我们可以把整个的禅修分成两个层面：一个是禅修的基础是什么，长期的转化工作是什么；另一个是禅修的本质、核心是什么，核心宗旨是什么。整个的禅修包含这两个方面的工作，而四层结构理论可以对此两方面的工作加以清晰的说明。

禅修的基础就是净化前面三层，对第一层、第二层、第三层进行净化。所谓的净化，用传统宗教的语言来讲，就是消业或者转化习气的过程。因为在前面三层里面，我们有很多的染污的种子，表现为一种惯性的力量，就是业力，包括我们昏昏欲睡、胡思乱想这种习气已经养成了，具有很大的惯性的力量，它把我们拉住了，使我们不能够得到灵魂的升华和提升，所以要修前面三层。

禅修的本质、核心是什么呢？就是觉悟第四层，觉悟本体层面，或说觉悟真我，觉悟本性、佛性、自性，等等，不管我们用什么样的概念去描述它，但它指向的是同一个核心。当然这些概念本身也不可执着，它也是一种代号、一种路标、一种指引，指向核心的层面，整个修行的核心，其根本原理就在这里。

从这里面我们就可以讲，修行的道路包括修行的外围和修行的核心两个层面：修行的外围就是修道的基础，是净化前面三层；禅修的核心就是觉悟第四层。

从这里面我们就可以讲，修行有两种不同的方式或者途径。第一种就是从净化前面三层开始下功夫，能够提供觉悟第四层、觉悟本体的机缘，引导我们证悟本性，觉悟第四层，这是渐修的道路。第二种，有一些上等根器的人，他可以直接觉悟第四层，然后再回转来净化前面三层，这是顿悟的道路。他先觉悟第四层，因为第四层是我们本具的觉性，并不是说一定要净化完了前面三层才能觉悟，他是可以直接去悟的。但是觉悟了第四层之后，他要反过来净化前面的三层，先顿悟，后渐修。为什么还要净化前面三层？因为生命是四层的统一体，四层结构相互联系，相互关联，如果我们没有足够的净化前面三层的功夫，我们第四层的觉悟是不踏实的，是不牢固的，还是容易被前面三层的业力所带走，这个功夫是没有做到家的。你可以先渐修而后顿悟，也可以先顿悟而后渐修，这与道教内丹学讲的“性命先后”问题是关联在一起的。渐修而后顿悟，是先命而后性；顿悟而后渐修，是先性而后命。整个修行最终是性命双修、渐修与顿悟相结合的过程。

黄元吉在《乐育堂语录》里面有一个清晰的概括。用内丹学的语言怎么讲呢？渐修的过程就是“从后天返先天”，后天就是前面三层，返先天就是觉悟第四层；顿悟的过程就是“以先天化后天”，觉悟了第四层以后，用这种觉悟的境界来转化前面三层。两方面要圆满，“直至先后天合一”，性命双修而圆成，回归于道体。用性命双修的语言来讲，前面三层是修命，后面第四层是修性，性命双修的过程是——“先以命了性”，从渐修而顿悟；“继以性修命”，以顿悟而渐修；“终至性命合一”，完成整个修道的系统工程。

这个道理，是贯通佛教、道教的，佛教的语言、内丹学的语言都可以会通，还有其他宗教的修行，都可以用这个理论模型去加以统一的理解。

前面三层的修行是一种准备工作，身体的净化、情绪的净化、思想的净化，它的目标是导向一种清明觉醒的无限意识状态。清明觉醒的无限意识状态，就是第四层本体结构的另外一个表达或者一个解释。本体层面到底是什么意思呢？从修行的角度来讲，它是清明觉醒的无限意识状态。如果我们光讲意识状态，很多人会局限于佛教讲的第六意识、头脑的层面，学佛教的都会说要超越这个层面的意识状态；我们讲的意识，当然不是唯识学里的第六识，而是指根本的明觉的意识，那是一种无限的意识状态。

从整个修行、修道的过程来讲，它包括“因、道、果”三位，即因位、道位和果位，“道位”的“道”不是“本体之道”，而是指“在路上”的“道”，因、道、果即指起点、过程和目标三个位次。如果用英文来表达，就是三个以C字母为开头的单词，因（Couse），道（Course），果（Consequence）。因位，就是表示从这里开始，是我们修行的起点；道位，是修道的道路与过程；果位，是修行的目标，最后证到的成果是什么。任何修行，不管是什么样的具体的方法，它都有这三个位置。从哪里开始起修，通过什么样的过程，达到什么样的目标。

一般的修行是从身体开始，通过身体的净化，来慢慢接触到能量层。当我们的身体得以净化之后，我们才会有一个很好的禅修的基础，才能够更加敏感地感觉到第二层。所以真正的修行不是排斥身体，不是和身体做斗争，而是要去正视身体，去净化身体。佛教讲的去掉身体的执着，破除身见，这是让我们的“心”得以提升，但并不是说身体本身就是我们修行的障碍，就不要身体了，恰恰相反，要破除对身体的挂碍，就要去维护好它，给它做一个净化的工作。从某种意义上来讲，身体是灵性或者神性的庙宇，是我们的灵魂所安住的地方。一个修行的人不能敌视身体，不能跟身体作对，讲不执着身体，恰恰是为了更好地进入空灵的无限意识状态。不执着于身体，与净化身体的障碍，这是两个不同语境的表达，并不是矛盾的。

由身体的净化开始，再到第二层情绪、能量层的净化，还有第三层头脑、思想的净化，这些本质上都是禅修的准备工作，也是禅修的基础工作，都是为了开启第四层空明无限的觉醒的意识状态。

禅修的核心就是真我意识的觉醒，是无限意识的觉醒，是纯粹意识之光，这也就是第四层本体意识的觉醒。我们要证悟的修道的成果，它是一种无限意识、无限喜悦的本体存在状态，是意识、喜悦与存在的“三位一体”。

如果换一种表达来讲，禅修的基础部分就是净化身体，净化情绪，净化思想，就是净化前三层；禅修的核心部分，就是超越身体，超越情绪，超越思想，由此进入空性，觉悟实相，觉悟真理，与道合一。由此可见，用生命的四层结构理论模型来阐释修道的原理，就会得到一个非常清晰的“地图”。

整个的修行，不管具体的方法如何，不管你走什么样的门径，选择什么样的道路，也不管你是哪个派别，它都包括这两大层面，就是如何净化身体，如何净化情绪，如何净化思想，最终的目标是超越前三层，进入第四层本体结构。超越身体，没有身体的执着；超越情绪，免于情绪的困扰；超越思想，没有思想的执着，而进入空明、觉醒、无限的意识状态，进入宇宙性的无限的、澄明的、纯粹的意识状态。

明白了这个核心原理，至少在见地上我们就会有一个很清晰的修道地图。如果我们没有看到修道的核心，我们就会迷于前三层，一天到晚在做这个功夫、那个功夫，迷在其中了。气功修炼里的各种功夫，印度教里面讲的各种瑜伽功夫，有的是注重第一层，有的是注重第二层、第三层，如果没有一个整全的修道见地，就会把某一层的修道功夫当作真正的修道，你停留在这个层面，那就远远不够，最终无法进入修行的核心。

前三层的功夫并不究竟，但都可以作为修行的入口。葛吉夫讲修行有不同的道路，分别从前面三层入手，修行就有三条道路，葛吉夫讲这是传统的道路，而他自己属于第四条道路，称为“第四道”。从生命的四层结构来讲，你从不同的层面进入，就形成不同的修行道路，有不同的方向。我们可以从第一层起修，注重第一层，这是一条道路；有的是注重第二层，以第二层为核心，这就是第二条道路；有的是修第三层，以第三层为核心，就是第三条道路。这样你理解印度教讲的四种瑜伽，用这个四层结构一观照，就可以看出每一种瑜伽的道路是在哪一个层面，哪一个方向。

用这个理论来看不同门派的修炼，你都可以知道他修行的重心，他的注意力在哪个地方，他的境界在什么层面。你说他修行境界很高，我们就要用这个理论作为一面镜子来照一下，看他境界高是高在什么地方。如果有人说他通过十年的修行，现在可以控制杯子，能够用意念让这个杯子动起来，这也是一种修道的成果。有的人修炼了三十年，口里能喷火，不需要用火柴了，然后到处表演，很厉害。有的人练的就是隔山打牛拳，能把山里面的牛给打死，这些都是很高的功夫。但是我们要用四层结构来看，他是高在哪个层面？即使一个人能够隔山打牛，一拳把牛打死，但如果这个人的精神境界还是个俗人，那么他只是单向度的人，只是在某个物质或能量层面有很高的功夫，这不能算是真正的修行。这样一来，我们就知道，修道不是要成为这样一个人。站在我们教学的角度来讲，我们注重的是真我意识的觉醒，是成为一个自觉的人，这比任何神通功能都更有意义。

我常常讲，修行的核心就是一点——心能转境，心能够转化外境，不随境转，达到了心能转境这个境界，这才是我们修行的智慧、能力的一个真实的体现。如果我听说某个大师非常厉害，像我一样非常会吹牛，但是境一来就被它转了，随便一个小事情就把他带走了，那这个大师就一文不值。人家说，大师，你家里出了什么事，你单位把你的某项荣誉给去掉了，他就马上急得要跳楼，那么你就看到这个大师的水平在哪里了。能够泰山崩于前而色不变，一切无挂碍，这个才是大师，这种智慧境界才是大师，不是说你有什么神通就是大师了，也可以说心能转境是最大的神通。这个“境”是非常广义的，包罗万象，任何一个出现在你心中的客体，都是一个“境”。你能容纳各种考验，不管来个什么事情，你能够把握住自己，心中出现任何的境界，你都能够不迷失，能够回到自己的本体状态，不受它影响，这就是心能转境。

历史上有些禅师，就有这种境界，不但世间的事情打扰不了他，出世间的事情也打扰不了他，连生死都打扰不了他。“将头临白刃”，就是把头放在白刀子旁边，要砍头了，“犹如斩春风”，好像不是杀头，像是砍着春风一样，毫无挂碍，达到这种境界。所以禅师在人类宗教发展的历史上，达到了一种遥不可及的高度。真正的大禅师那真是不得了，他的心是完全自由的，彻底自由了。没有什么事情能够影响他，没有什么事情能够打扰他。有人对禅师说：“你跟某某女人有私生子了，这是你生的孩子，给你养。”禅师说：“是吗？养就养呗。”过段时间这个人回来对禅师说：“大师，对不起，冤枉你了，这个孩子不是你生的，是另外某个人的。”禅师一笑：“是吗？那就把孩子还给你。”禅师的境界是这样的洒脱，云淡风轻，若无其事，什么事情都不动心。因为他知道真实的自己，知道外在的一切都是如梦如幻，也理解众生的盲目无知。他不需要解释什么，坦然接受存在的一切，笑对一切的风云变幻。

反过来有些假大师就不一样，他自己觉得境界很高，自以为到了什么境界了。有个尼师去参访一个禅师，非常自负，以为自己境界很高。禅师说你修到什么程度了？尼师说：“一丝不挂”，意思是什么都可以放下了，达到了了无牵挂的境界。禅师说，这个了不起！她就扬长而去。禅师在后面说："你裙子拖地了！"尼师赶忙往下看是怎么回事，一下子惊慌失措。禅师来一句："好一个一丝不挂！"这下尼师脸红了，一丝不挂，这不是吹牛嘛！随便一个小事情都能打扰你，就不要说一丝不挂了。

对上面我讲的禅修的基本原理，你搞清楚之后，就有一个明确的方向了。这种清醒的程度、自觉的程度，消化业力、转化习气的程度，心能转境的智慧，才是衡量一个修行人境界高低的最根本的指标。你不要听他说的怎么好，吹得天花乱坠，有什么神通、功夫，吹牛很厉害，不管什么李洪志、张宏宝，这些号称气功大师的人，你就用这一招去考验他，看他面临事情的考验，他怎么办？也就是看他有没有我执，有没有法执，如果不能够真正安立在自己的自性之中，超越了前面三层而进入本体层面，那都不是彻底解脱。这个境界非常难，要彻底成佛了，才能达到完全的做主。我是肯定还没有达到这个境界的，我还是有心随境转的时候，但是我比一般人好一点，大多数的时候我是能转境的，大多数的时候我是能做得了主的。

七、禅修的道路：阐释禅修作为内在生命科学的要义

前面我们讲了生命的四层结构理论，并用这个理论阐释了修道的基本原理。下面我们讲本书最后一个主题——“禅修的道路”，阐释禅修作为内在生命科学的要义。

禅修是一种内在生命的科学，那么作为内在生命的科学，禅修有哪些根本的要点？这门科学它基本的观点、思路和方法是什么？当然，我们这里不是做一个逻辑性的理论建构，而是从修行的实践出发，提炼出一些需要我们非常重视和注意的问题。

前面已经把禅修的概念和它的基本原理都讲清楚了，那么现在就回到现实中来，如果我们要修道，如果我们要禅修，我们有哪些值得注意的事情。前面大致的地图已经有了，现在我们要落实下来，来谈禅修的道路上一些具体的问题。

1. 一些原则性的建议

首先，当你进入禅修的道路开始禅修的时候，我们有一些原则性的建议，这也是前贤大哲们修道的一些基本经验的概括，告诉我们要注意哪些事项。

第一点，在整个求道的过程中，保持一种乐观的、正向的心态很重要，这样你才能够认出灵性的每一个进步，从而能够持久地走在道上。这是个心态上的问题，因为你要能够坚持修行，就要有一个正确的心态，如果你的心态不正确，你修行就坚持不下来。要勇于肯定自己在修道过程中的每一个进步，要不断地向自己发出一个正向的积极的提醒，就是我在修行的路上是越来越得到收获的，是越来越进步的，这样才能树立长远心，不断地前行。

有的人就非常不现实，好像修了三天，就想要成佛似的。有人跟我说："戈老师，我听你的话站桩了，都站一个礼拜了，好像没什么收获。"我说："仔细寻找一下，你是真的没什么收获吗？"他说："也有点进步了，我觉得吃饭比以前香多了。"我说："可以，再找找，还有什么收获？"他说："睡觉也好多了，以前有点失眠，现在睡得挺香的。"我说："你这么大的进步，还不满足吗？"才练一个礼拜，就有这么好的效果，又吃得香，又睡得香，你还要啥？你几天就想成佛吗？你以为练了七天，就能头上放光，大彻大悟，有无限的智慧？一些初入禅修之门的人没有耐心，有些不切实际的想法。要去发现自己的每一点进步，这样才会有坚持下去的动力。

在修行的过程中，其实只要我们坚持下来，会慢慢有很多的进展，你会感觉到很多进步，但是你要去认出它，你要发现它，你不要给自己一下子就定一个不切实际的目标，练三天就想开悟，就想成佛，没这个道理。

同一个事情，可以从两面来看。你可以用一种眼光看见玫瑰花，感受它的芬芳；你也可以换一个角度，你看见玫瑰花有很多刺。这是同一朵花，是看见它的刺，还是看见玫瑰花，取决于我们的眼光。前面我们讲过，要庆祝地活在当下，你要学会庆祝，你要看到它的好处，你不要只看到失败，你更要看到失败中所学到的经验、所得到的成长。

每一个事情都有两面，你看哪一面？你从正向来看，这是个优点；从另外一面来看，就是缺点。要学会欣赏自己的每一个进步。

第二点，禅修要时刻留意观察已经发生在自己身上的事情，不要去想那些还没有发生的事情；要珍惜已经拥有的，而不是去寻求那没有发生的。自己身上发生的真实的事情，你要去注意它，而不要去琢磨、想象还没有发生的事情，这也是安住当下的一个表现。你要发现你已经拥有的这些东西，去欣赏它的美，而不是老去想着那些还没有发生的事情，去自寻烦恼。比如你已经练了三天，很舒服，脑子也清醒了，吃饭也香了，睡觉也香了，你要把这些成果巩固下来，要注意到，加以肯定，这样你才会更自信。你觉得吃饭、睡觉是小事情，这些进步你都看不到，却想着自己还没有打开任督二脉，还没有开天眼，没有神通，智慧也没有开，你老想这个，这不是自讨苦吃吗?

第三点，禅修需要生活态度、生活方式的转变，需要改变机械性的习气。我们的修行不仅仅是打坐、站桩，不是说我们练练功就完了，实际上它是一种生活方式的转变，也是一种生活态度的转变，就是要把我们平常生活当中这种机械性反应的习惯慢慢改掉。

比如说机械性地讲话，无意识地唠叨，这种习气我们首先要改掉。特别不喜欢讲话，或者特别喜欢讲话，都是一个毛病，在无意识上是一样的。广义来说，讲话包括自言自语，有人的时候我们就找人聊天，没人的时候我们就自己自我对话，喃喃自语，每天自己在想这想那，自己跟自己对话。所谓的人格分裂，就是这种自我对话的情形发展到极端——每个人都可能在某种程度上作自我对话，而人格分裂症的患者则把这种自我交谈真的变成两个人在讨论问题了，一个人扮演两个人的角色，人格分裂了。

以前我在北大读书的时候，校园里有一个精神分裂的研究生，你能看见他在操场上进行自我对话，一会儿扮演这个角色，一会儿扮演那个角色，柏拉图怎么说，亚里士多德怎么说，自己跟自己讨论问题，讨论得很激烈。他一个人同时扮演两个角色，还挺顺畅的。但是我们不要笑，我们每个人都有这种毛病，都喜欢去自我表达，只是轻重不同罢了。自己在对话，自己跟自己讨论问题，这种思想的习惯忘不了，就是非常喜欢这种交流，没人的时候就自己与自己交流。

所谓的交流，美其名曰交流，实际上人与人之间的很多聊天，就是相互之间“倒垃圾”。我心里面有很多垃圾，有很多积淀，我需要吐出去，吐给别人，一吐为快。但别人其实并不乐意听，对于接受你的垃圾，他其实不感兴趣；他之所以耐着性子听你讲，是因为他在等待时机，好把他的垃圾倒给你，咱们俩就平衡了。我们相互之间吐一吐，吐完之后大家都感觉到比较舒服，因为我们都把垃圾吐了。你讲的内容其实我根本就不在乎，也不清楚你讲什么，我的目的是要轮到我来讲，把垃圾倒出去。

我们有时候上卡拉 OK，就是这样。其实对别人唱卡拉 OK，我根本就不感兴趣，那么多有名的歌星我都不怎么喜欢听，听你唱歌，没啥意思；但是我坐在那里听是什么原因呢？是要等到有一次，我要上场了。我再等几分钟，就可以上场了，下一次会是我的机会，我像是个歌星，在这好好唱一首，表演一下。但其实我唱歌别人也不爱听，别人也在装着听，他耐心听你唱歌也是在等待机会，等下一次该他上场了。

大多数的谈话都没有必要，我们要观照自己，不要机械地讲话。如果我们需要谈话，就要养成一个有意识地、觉知地谈话的习惯。我们之间的谈话，确实是有主题的，需要讨论什么问题，处理什么事情，要谈什么，大家都很清醒地知道，你讲话时我倾听你，我讲话时你倾听我，互相倾听对方的谈话，来得到一种思想的交流，得到一种思想的提升。要尽量减少这种无意识的闲聊，闲聊就是浪费时光。当然，对于不修行的人，闲聊帮助他倾吐心里的垃圾，也是有作用的；但修行人有更好的方式提升自己，不需要找人吐垃圾，而是利用谈话的机会帮助他人。

生活当中我们还有一个习惯，就是喜欢找人一起待着，喜欢跟别人发生各种各样的联结，我们无法一个人单独生活在一个空间里。对一般人来说，你要让他一个人关在房间里，待一个上午，那是很受罪的，基本上跟坐牢似的。他如果一上午没什么事干的话，他一定会找事情干，想想哪个朋友，再联系一下，或者玩手机，看微信，一定要找个事情来做。从修行的角度来说，我们要学会生活在宁静之中，生活在单独之中，学会和自己在一起，进入存在的一体。

“单独”不是“孤独”，单独是一个内在的宁静的场，它自身就是一个整体的宇宙；而孤独是别人的不在，是自我寻求与别人的联结，孤独是一种缺失的状态。所以要超越这种孤独，要进入单独的内在空间，进入本息具足的圆满。当我们禅修的习惯养成之后，我们随时随地可以进入一个单独的整体，可以跟法界交流，可以找到宇宙的知音。与天地相知，以古人为友，逍遥于天地之间，自由于古往今来，这就是禅者的境界。他一个人一点都不孤独，因为他就是整个的宇宙，他孤独什么呢？那个能够感受孤独的自我已经被超越了，剩下的就是单独的圆满自性。

当别人不在的时候，我们就容易自己跟自己对话，我们的头脑一直在喋喋不休，这个时候我们要不断地回到内在的宁静空间里面去，要无为，要放下，这样我们才能够与道连接，与道相通，这样我们修行才能真正地有进展，走上正路。

这是在生活上我们要注意养成的一些良好的习惯。在平常的生活当中，无意识的头脑占了主要的部分，机械的思维、机械的习惯占据了我们生活的大部分。要想从这种业力的习气当中突破出来，我们要发愿，要用我们的愿力和决心来生成一种新的种子，进入我们的潜意识。在潜意识里面动外科手术，来清除那些执着的种子，用我们有意识的这种意念，来转化那些潜在的无意识的种子。"意识"和"潜意识"是心理学里很重要的概念，这在修行上也非常有用。我们表现出来的意识状态只是很小的一部分，大部分是我们心灵深处的那些潜藏的习气种子，它在支配着我们，我们要去转化那些无意识的种子，修行才能得到真正的进步。所以一开始我们要不断地发愿，要发菩提心。每次修行一开始都要发愿，这样不断地用这种愿力和决心增强修行的种子，而破除那种业力的种子。

有关禅修的一些原则性的建议，还有一点就是，当我们在禅修的时候经验到喜悦、和平、宁静的意识状态，我们要能够在生活中随时随地把它想起来，能够忆起它，记起来，要不断地重新创造出这种状态，让禅修的境界由"高峰经验"变成"高原经验"。

高峰经验就是我们曾经有一个很好的体验，很美，但是一去不复返，只能在梦中或者记忆中偶尔兴起。修行就要让我们曾经体会到的这种高峰经验，不断地在我们的生活中再现。不断地想起它，你不断地回忆起它，把这种高峰经验在鲜活地在当下呈现出来，这样就会让这种高峰经验变成常态，“高峰”就变成了“高原”。

在我们睡前或者醒后，都要经常地特别地唤起自己的这种禅修的意识状态。要随时随地用功，不断提醒自己，让修行曾经获得的一点进展或者体验，不断地在生活中重现，慢慢打成一片，这才是真正下功夫的地方。你一个小时的练功，那是你用功的一部分，更多的部分是要在生活当中怎么样去延续。让你的禅修经验作为种子，植入你的意识仓库里面，不断地让它生长，不断地让它发展，直至开花结果。

彻底来讲，我们的禅修并不是一天、两天的事情，不是一天一两次打坐的事情，禅修就是我们真正的生活，也是我们生活的核心部分。我们整个的生命都是在禅修之中，禅修变成了我们的生活，生活变成了我们的禅修。我在济南讲的“修道的基本理论与方法”，里面专门有一讲“生活是最终的道场”，修行最终就在生活之中，离开了生活就没有修行，离开了修行也没有生活；没有修行的生活不值得过，离开了生活的修行那是空的，是不可能达成的。

2. 将禅修的见地凝练成根本的口诀

修行有一个重点，就是你要能够把所学到的整个的见地、理论的了解，融化成、凝练成做功夫时的一个精要的口诀。比如说听了这两天的课，我讲了这么多，但是你要融成一个核心，要在自己修行的时候能用上。所谓的口诀，就是在一点上突破，然后包罗万象，总括精要，是个一以贯之的入口。真正练功时靠的是口诀，而不是长篇大论。我讲的长篇大论是为了让你了解，最后你要融会贯通，提炼出一个口诀，跟我讲的课要融成一体，在这个口诀当中就已经包含了我所讲的所有的要点。练功时直接用口诀做功夫，如果练功时再复习这些长篇大论，那就变成一种散乱了，是不可能做功夫的。当然，我已经传授了一些口诀，你也可以直接把这些口诀去贯通一切教法，透过我的课程讲解去融会贯通。比如说“一切都是，一切都好”这个八字真言，你能把这两天的课都融化在这八个字里面，从这八个字里生发出所有的东西来。以后你打坐的时候，你练功的时候，再仔细回想我讲的一切，再重新理一遍这门课程的教学，那是不可能的。练功的时候，你只需要用口诀做功夫，其他的一切放下，因为口诀就包融了所有的道理在里面。

这个“理”（整理，清理，梳理）的过程就是你正思维的过程，理完了以后，你自己会得到一个精要——戈老师这两天讲的就是这个道理，我明白了！那么修行时就直接用这个口诀就行了。你不能修行的时候，再回忆这两天的讲课；平时可以，但是修行的时候就用一招。这个老师讲的就是那个东西，我知道了。啪！就进去了，就得法了。

当然口诀有很多，口诀并不是神秘的东西，实际上就是一种凝练的智慧。我在大学里面站桩时，没有老师给我传法，但是我就把老子的一些话当作练功的口诀。我站的时候就默诵老子的经文，这就是练功的口诀。心里面默诵并未体会它，这就是依口诀而练功了，诵着诵着，人就进入状态了。当然进入状态之后，就把口诀也忘了，这也是过了河就不需要船的道理。因为一系列的方法，就像挑刺的针一样，肉里面有一个刺，有个问题，需要用针把它挑出来，这个“针”就是方法。挑完以后，把刺挑出来了，你不能把针再扎进去，这就麻烦了，那比刺还疼，一定要把针拔出来，放下针。等你已经进入空明无限、超越一切的状态了，你还要“一切都是，一切都好”，那是多余的，你已经在这个境界里了。所以，前面用八字口诀是让你进入状态，进入状态以后，这八个字也可以放下；等你出来了，起妄想了，又需要用它，它是个拐杖，是拔刺的针，是过河的船。

下面我们用实修来体验一下，实修是我们课程的一个重心，不能光讲道理，必须时时加以实证。前面讲的这些修道的核心原理，你看看在这次站桩的实修中能不能凝练成一个口诀，自己能用上，当然我们也会再传授你一个口诀。

站桩的时候把眼镜摘掉，按要求把姿势站好，自己用意识给自己的身体做一个扫描，从上到下感觉自己身体，从头上往下全身放松一下。这样你会感觉到意识有一种能量，你让身体放松的时候会有一种感觉。眉心舒展，全身放松，面带微笑。

站桩之前要发愿，让这个愿力进入你的潜意识，让你时时能够想起，我们修行是为了什么。我们要走向觉悟，要发这种成佛之愿，要自利利他，自觉觉他，觉行圆满。知道什么是我们人生中最重要的事情，把修行放在人生的第一位。

这两天我们每一次实修的方法都不一样，目的是让大家体验不同的方法，从而找到最适合你的方法。上午我们讲的是无为，是否定的方法，什么都不做，什么都放下，什么都没有，是空的方法，无的方法；下午我们换一个正向的心法，我们全面接受一切，进入道之整体。这个观法可以叫作“法界观”，也可以说是观道，与道合一，意思是一样的。“法界”是佛教的概念，而“道”是道教的概念，不管是法界还是道，我们指的是无穷无尽无限的“宇宙场”，就是整体（Oneness），在时间上是无始无终，在空间上是无边无际，整个的法界包罗万象，涵盖一切，统括万有。

法界观就是观你即法界，你就是道，道就是你，没有个体生命的分别心，就像一滴波浪融入了整个的海洋。你进入宇宙大海之中，一滴水掉进了海洋，你的自我的泡沫消失了，只有道存在。你观这个道无穷无尽，无量无限，时间上无始无终，没有过去，没有现在，没有未来，空间上无边无际，没有空间相。反过来说一切时间、一切空间都在其中，它是非二元的，没有对立面，因为一切都是它，整个的道包含了一切，没有和它相对的东西，它是绝对的无限。融入这个无限，超越你这个小我，只有道，只有存在，只有法界。

你根据刚才我的引导，你找一个自己喜欢的方法切入。沿着我刚才的指引，你自己去观想，找一个门径，进入这个无量无边的合道的状态。

站桩中……

慢慢出来，从无限的宇宙当中慢慢回来，然后开始收功，再行禅一下。行禅就是一种很好的休息，因为生活中我们经常要走路，所以把行禅的习惯养成之后，以后每次走路、散步的时候，都可以变成一种修行。体会什么是观照，留意你的脚步，看看你是胡思乱想地走路，还是全心全意、全然地走路。体会什么是觉知，你知道自己在走路，你是有意识的。

行禅时也可以念佛，念佛也是很重要的一个法门。有的人对这个法门可能会特别相应，觉得一念，就静下来了。因为这里面除了自力之外，还有佛的加持之力。念佛法门还有很多微妙的地方，也是可以经常去修这个法门的。

3. 关于身体、情绪与思想的净化

禅修的核心原理包括两个方面，即禅修的外围与核心，外围是净化前三层，核心是悟入第四层。禅修的外围部分，就是关于身体、情绪和思想的净化，那么这前三层怎么修？有哪些要点？

首先讲身体，身体怎么样让它得以净化？生命的四层结构之间都是相互关联、相互影响的，身体的障碍，会影响后面几层如情绪、思想等，反过来情绪、思想也会影响身体。身体到底有些什么障碍呢？我们可能搞不清楚，需要一些方法来清理身体方面的滞碍。

前面练习的“动态静心”，是通过一种宣泄、发泄的方式，来清除身体的一些障碍。这是一个革命性的改变，以前的静心很少有这个环节。动态静心把“宣泄”这个机制提到了一个非常重要的位置，你可以乱语、乱动、乱想，它提供了一种释放身心压力的方式。因为现代人很多身心的障碍没有清除之前，是无法

进入静心的状态的，所以需要一番宣泄。这个方法可以回家自己练，我们在这里人比较多，施展不开，回家之后自己把门关上，跟别人没有关系了，自己想怎么动就怎么动，可以宣泄得更充分。

这里面有一个很重要的问题，就是每个人都有很多被压抑的东西，思想上、情绪上、身体上都有很多被压抑的地方，这些地方如果不把它释放掉，你静坐确实很难静下心来。比如说，你对某一个人耿耿于怀，心有不平，心怀不满，这个人可能是你公司的领导，你的上司老压着你，也可能是某个同事非常让你生气，诸如此类，很多事情让你觉得不爽，但你又无法表达出来。你不能够直接跟他冲突，你不能找他打一架，你不能直接去报复他，这样会造成更多的问题。如何找到一种既不伤害他，同时又能解决自己的压抑的方式，把这种委屈、压抑释放掉呢？你回家之后，可以找一个替代品的方式，来发泄掉你对某个人的愤怒。比如说你可以找个枕头，枕头是不怕打的，当你想打谁或者骂谁的时候，你用枕头代替他，好好地揍他一顿，骂他一通，等你发泄完了，你可能感觉心中的压抑被释放掉了。这是举个例子，你不要去发生现实的冲突，你跟某一个人闹意见，不要真的找他打架，因为打完架以后问题更多；你就是找一个替代品，跟它打一打，拿一个枕头或沙包，充分发泄一下，这是一种解除情绪压抑的方式。把一些平常想说不敢说的话，自己有意识地说出来，发泄出去，这样可以净化你的心灵空间，对释放你被压抑的能量，也有一定的帮助。

生命的能量必须得到一种创造性的利用和转化，否则的话，能量要么就是被压抑，要么就是被放纵、浪费掉。生命能量有三个方向：第一种是把它放纵而发泄掉；第二种是把它压抑住；第三种是把能量加以创造性的转化与利用。前两种就是常人的方式，常人就是在这两种方式里面转来转去，一会儿发泄，一会儿放纵。发泄过度了，自己觉得不太好，然后开始自己控制，开始压抑；压抑到一定程度以后，压抑不住了，还是不行，又开始放纵。大多数人在这两者之间来回晃荡，但事实上，不管是压抑还是放纵，都不是生命能量的最佳的利用方式。一种优秀的、有品质的生活，一定是找到了一种创造性地利用这种生命能量的方式，把这种生命能量转化、升华到更高的维度、更高的层面。

这样讲比较抽象，具体到我们生命来讲，道教讲的“炼精化气”，这就是一种能量的转化。“精”就是生命能量的来源，这种生命能量要么被发泄，要么被压抑，这两种都不是最好的方式；只有通过转化、提升，让生命能量得以为生命的净化服务，才是最有意义的事情。

内丹学讲的“炼丹”，讲究“水火交媾”。平常人的“水”与“火”是分开的，火向上炎，水向下流；练功就是要将火与水凝结在一起，进行水火交媾。身体像一个炉子，怎么样把精神的这团火、意念之火放到炉子的下面去，“精”好比是“水”，“火”要在“水”的下面去烧，才能将“水”烧开，变成“蒸汽”，这个过程就是“炼精化气”，将物质的精华转变成生命能量，使性能量得以升华，从液态的物质精华经过意识之火的加工之后就变成气态的能量，这股能量向上蒸发，浇灌全身，这类似于一种“蒸馏”作用，可以让全身得到一种高级的营养，滋润全身，这是内丹学的核心奥秘之一。

我们练功时用的口诀之一："精不下泄，神不外驰，身心一体，天人合一"，就包含了这个道理，这是一种生命能量的转化方式。生命能量如果得不到创造性的转化，光靠道德，靠宗教信条，那是管不住的；即使管住了，也是一种压抑，没有用，一定要有一种新的渠道让它得以提升。

"食、色，性也"，食与色这两个方面是修行人特别要注意的地方，你能不能得到一个有效的转化，这两个方面都要比较讲究。炼精化气讲的性能量的转化，是"色"的一面；关于身体能量的转化，还要注意平时的"食"的一面。吃得太多，会使人昏昏欲睡。我们打坐了两个小时，最后的成果就是把这一顿饭给消化了！吃得太饱了，这个打坐很有效果，把食物消化了；现在肚子又饿了，还可以吃，吃了以后再打坐。你一天到晚打坐，只是在消化你吃的饭，这只是浪费了食物，很没有必要的；你练功的成果就是多吃几碗饭，这是不行的。当然，你原来吃得很少，吃不下饭，练功后能多吃一点，这也算是一个进步；但是你一天到晚能够多吃饭，吃完饭再去练功助消化，那就麻烦了，你把练功的这个功夫用在了错误的方向上，练功的目的不是要多吃饭。

饮食一定要有个度，不管是睡眠还是饮食，什么东西都是这样，核心就是要讲究一个度，过犹不及，吃得太少或太多都不平衡，都不利于进入宁静的状态。

关于饮食，有一个很重要的道理，就是人的消化能力（可以用"消化液"来衡量）在某一个食量下会有一个最佳水平，每个人要找到这个饮食适量的最佳点。比如说我中午吃多少饭、多少菜，这个量对我来说消化最容易，吸收最好，而且营养足够；吃多了或吃少了，效果就要差一些。一定是每个人都有一个度，你要去寻找这个度在哪里。超过了这个量，虽然吃的食物增加了，但你的消化能力不足以很好地消化这么多东西，吃那么多东西不但不能够增加营养，反而使肠胃增加了负担，使你综合吸收的营养降低了。

大家注意，你有一个最佳的饮食的量，如果超过了，不但没有得到更多的营养，反而你身体的负担更重，吸收营养的能力下降了，最后你得到的营养更少了。因为你要消化更多的食物，整个身体会承受更大的压力，消化工作的效率下降了。如果你饮食的量低于最佳水平，你整个消化能力本来很强，但你提供的材料不够，它也会导致某种身体机器工作效率的下降，你会感觉到不舒服或者不平衡的一种状态。

葛吉夫曾经讲过一个很重要的故事。曾经有一个孩子得了肥胖症，特别能吃，每天早上他要吃两斤牛肉，要吃三个包子，要吃一大堆的食物，但吃完以后到医院检查，却发现他还是营养不良。这个孩子越吃越胖，越胖越能吃，但是越吃越是营养不良。医生觉得很奇怪，营养不良，就要增加食物补给，可是增加食物之后更加营养不良，形成恶性循环。在医院里没有方法能把他治好，后来通过朋友的介绍，孩子的父母找到了葛吉夫，请葛吉夫帮忙。葛吉夫说，你把他交给我，我有办法对付他。但是要求父母把这个孩子完全地交给葛吉夫处理，一个星期之内父母不要管他，全权交由葛吉夫来管。

这个孩子送到葛吉夫这里以后，葛吉夫就给他限定饭量。比如早上一个馒头、一碗稀饭、一点咸菜，就这些！不管孩子怎么想多吃，说没吃饱饭，都坚决不行，只能吃这些。吃完饭以后让孩子去劳动，刚开始的时候，孩子说肚子是空的，根本没填饱，可饥饿了，要干活非常困难。以前天天一顿吃两斤牛肉，现在突然只吃一个馒头、一点稀饭，还要让他干活，这怎么受得了！但父母已经完全托付给葛吉夫了，这个孩子只能接受葛吉夫的训练。这样一个星期之后，孩子完全恢复正常了，不但饮食正常了，不需要吃那么多；而且身体恢复了活力，生命变得健康了。

葛吉夫后来就给孩子的父母讲这其中的道理。他说孩子吃多了以后，不是吸收了更多的营养，而是根本没有办法吸收，反而增加了身体的负担。实际上每天吃完的东西，根本没有经过有效的消化就排出去了，吃多了只是增加了肠胃的负担。因为越吃越多，整个肠胃被撑得越来越大，所以就会觉得饿，觉得腹内空空，这只是一种身体的习惯性反应，根本不能体现生命的真实需求。

这是关于饮食的一个非常重要的道理。我们很多人身体不健康，都是饮食出了问题。一些大吃大喝的人基本上都是有问题的。有的人越吃越饿，他挺能吃，吃完了，他以为是消化了，其实根本没有消化，大部分材料没有经过身体的加工和吸收，就原样地被排出去了。这是双重的浪费：一个是浪费了这些饭菜，一个是浪费了自己身体的消化能力。

大家注意这个“适度”的原则，这个原则可以扩展开来，除了饮食要适度，其他各方面也都是这样。比如睡眠，也是这样，有一个最佳的度。每个人一定要找到你的最佳的睡眠时间，有的人是六个小时最佳，有的人是七个小时最佳，各人长短不同，但太长或太短都是不合适的。不是说你睡得越久，你休息的时间越多，你就休息得越好。如果超过了你的最佳睡眠时间，你会越睡越困，感觉越来越往下掉，提不起精神。所以有的人越睡越困，整天昏昏欲睡。你会觉得奇怪，都睡了十多个小时，怎么还犯困呢？这就把身体的机制给破坏了。这与前面讲的消化的道理是一样的，过了那个点，睡醒了，你不起来，又接着睡，就把身体强行带入了一个新的机制，这样不但不能够得到更好的休息，而且会让你更加疲惫。

如果早上五点醒来以后，觉得睡好了，就不要再睡了。起来以后，你静一会儿心，这一天会特别有精神。如果你说五点还早，我再多睡会儿，已经睡够了八小时甚至九小时，你还强迫自己再接着睡，昏昏沉沉又睡下去，睡到七、八点钟起来，睡太多了之后，你可能就没精打采了。当然，如果你睡眠太少，一直缺觉，那身体也吃不消。尤其是子夜的时候，就是晚上十一点之后，一定要睡觉。当你有一个很好的睡眠，只要晚上十一点到凌晨两点之间，这三个小时如果你睡得很好，进入深度睡眠，基本上主要的问题已解决了，后面再不睡可能都没问题了。整个晚上的睡眠有一两个小时的深度睡眠是关键，深度睡眠就是你完全休息的状态，身体得到了最好的休息。很多的睡眠只是睡在床上，但你并没有放松，你的头脑还在忙碌着，梦里的活动就是白天活动的继续。深睡无梦的状态下，你才能彻底地得到休息。

其他的各方面也都是这样，大家可以以此类推。什么事情都要有个度，都要适中；过了度，就会有反作用。

关于心理状态的净化，怎么样调节自己的心理状态，也是一样的道理，要讲究平衡中正，不能走极端。很多时候我们之所以会觉得有这个问题、那个问题，一定要回过头来发现自己心灵深处被压抑的东西是什么，那个平衡点在哪里。不要向外去找，外面的世界是你内心状态的反射。你被他人的刺所伤，那是因为你心里面已经有一根刺了。如果你像庄子说的那样，你是一只"虚舟"，船上空空如也，没有自我的话，你就不会跟人家发生碰撞。生命之船上如果没有人，也就是没有自我的话，你跟任何人的关系都可以很和谐。但是因为你船上有自我，自我总是要找别人碰撞，所以总是会发现这样那样的问题。你发现你的丈夫有问题，婆婆有问题，孩子有问题……总觉得周围的人好像都在跟你过不去，这个问题源头在哪里？是在你自己这里。

你自己在不断地寻找问题，然后再投射到别人的身上；至于别人是不是有问题，这是另外一个话题。不能说别人就一点儿问题没有，但别人有没有问题对你来说并不重要，那是他的问题，需要他自己去解决；对你来说重要的是你自己是什么样的状态，你自己的问题需要你去解决。如果你没有问题，别人有问题也没有关系，也能够帮他化解。如果你是一个智者，你可以跟愚蠢的人共处，没有问题。不是说他就不愚蠢了，但他的愚蠢不影响你。如果你自己是愚蠢的，你甚至无法与智者相处，你和一个智者都没办法在一起和谐共处，因为你也总是要找人家的麻烦。所以问题的根源永远在自己身上，整个调节的核心，一定要把这个方向转到自己身上。

我具有什么样的意识状态，我具有什么样的品质，什么样的境界，我就会体现出一种什么样的人际关系。我只能够吸引与我自己同频率的那种人和事物，我在呼唤着跟我的频率相近的人过来。如果我老是跟别人打架，那是因为我心里面有想打架的因子在，一定要认识到这一点。所以，人如果老是在抱怨周围的一切，一定要反省自己，在你抱怨的刹那，也把审视的目光回转来看自己。你抱怨的对象到底如何并不重要，问题是你为什么会这么抱怨？那是因为你的船上有人，你心中有刺。一个充满爱的状态的人，他就能够接受到爱。但是如果你是一个充满恨的状态，你就感觉到处都是恨，好像每个人都在跟你过意不去，这个世界在跟你作对。

不是去改变世界，而是要改变自己，这才是修行人的道路。心灵的净化，就是让自己的心灵状态不断地打扫灰尘、空掉自我。《维摩诘经》里面有一个根本的命题，就是“心净即国土净”。一般的人总是嫌“国土”不净，抱怨周围的环境不好，总想着要让国土净，眼睛总是在盯着国土上面。国土就是你周围的环境和生活的世界，你觉得国土有这样那样的问题，佛经就告诉你，那是因为你的心没有清静，如果你的心真正清净了，整个世界也就清静了。

对于那些没有智慧的人而言，他会觉得这是一个奇怪的命题。你心清净了，世界就清静了吗？坏人坏事还在那边，没有变化啊！每个人都找别人的问题，总认为是这个环境导致我这样的，总想要改变外面的世界，而不想改变自己。

“心净即国土净”跟我前面讲的“幸福观念的革命”是一个道理，一定要发生一个“转向”，从找别人的毛病，到找自己的毛病，不断反省自己，改正自己。这里的“国土”，不是客观的外在世界，而是“你的生活世界”。当你的心净了之后，你看待世界的眼光就变了，你生活中感受的世界就不同了，就成为了一个清净的世界。

净化自己的心念非常重要。我们要非常清晰、警觉地看待自己的起心动念，任何思想都会留下它的种子，留下它的印象。你长期胡思乱想，就会留下胡思乱想的种子；这些种子现行了，会让你更加胡思乱想。你经常念佛、经常修行，不断地净化自己，那么这种正向的种子种下去之后，慢慢就会转化你自己的生活状态。所以要从经常抱怨的思想状态转向这种非常感恩、充满爱的状态，从负向的心理状态到正向的心理状态；最终要超越“正、负”，把心灵里的各种思想的垃圾清理干净，变成一种无思想、无念头的空灵的状态，在这种空灵的状态当中，就充满了创造性。

禅修的智慧是超越思想，超越思想之后，不是说就不能思想，而是创造性地去思想，用思想为我服务。你还是要思想，思想是我们使用的工具，但是要转化它、净化它，要变成它的主人。

我们一般人的禅修为什么很难静下来？就是因为我们心田当中充满了各种欲望的种子，对金钱、对权利、对性等充满了欲望，一直在心里面喋喋不休，你放不下这些事情。你静坐静不下来，那是因为你心灵当中有那么多的不干净的东西，哪怕我这个方法再好，你都静不下来。

生活中净化种子的修养和禅修中做功夫这两者要不断整合。

你通过静坐、站桩来得到一种境界，然后把这种境界用到你的生活当中去；同时也要在生活当中不断净化自己的心灵，你才能更好地在静坐的时候进入状态，这两者相互影响。真正的禅修并不是简单的一个技巧，不是光传授你一个秘诀就能解决问题，它是一种整体的净化，是生命状态的整体的提升，是人生的综合的修养，让你的心灵不断地走向真善美的境界，做一个高尚的人，一个脱离了低级趣味的人、一个纯粹的人，这些人生的修养都可以跟修行结合起来，真正的修行就是这样。

思想属于生命的第三层“信息结构”，它也是我们生命中一种必备的“粮食”。讲到食物，我们可以从生命的四层结构来讲，相应地也有四种食物。我们物质的身体、物质结构它需要吃饭，它需要粮食；我们的能量结构也需要它的粮食；我们的精神也需要精神的食粮。一个人可以一天不吃饭，但是如果没有精神的食粮，这个人是一刻都活不下去的。

精神的食粮是什么呢？我们的精神一直在不断地采集各种各样的印象，这些印象就是精神的食粮。

当我们不懂修行的时候，我们就是被动的，就是去抓取各种垃圾信息。你通过微信到处去找那些杂七杂八、散乱无章的信息，全填到你的心灵里来。这一天看完了两个小时的微信，天上地下，反正所有的信息在你脑海里过了一遍，最后变成了一堆乱糟糟的信息，你不可能把它完全理顺，成为有利于你生命成长的养分，而是被它给抓住了，被它带走了。

修行人要有意识地去接纳、吸收那些真正能提升你精神世界的精神粮食，与智者同行，与大师同在，经常要跟大师保持联结。为什么要读经？就是要与大师的精神接轨，吸收大师的精神食粮。你读佛经，是跟佛陀保持心灵的共鸣，让佛陀生活在你的心中。你读我的书，就是跟我保持联结，不断地受我的影响。近朱者赤，近墨者黑，你天天跟那些流氓在一起，时间久了你就是一个流氓了。

你读什么样的书，看什么样的信息，对你的生活都有很重要的影响。所以读书，看微信，看各种消息，都是一种广义的修行；你看什么书就是修什么法，就像站桩的时候，我给你讲了一段观想之法，你就在它的影响之下进入观想的境界。任何一篇文章、任何一种思想它都在影响你，有潜移默化的影响力。你看什么就被什么影响，就相当于你在练什么功。你看黄色信息就在练黄色功，被它带走了，你看什么就被什么迷失了。

当我们还没有真正达到自觉的境界之前，我们还是要规范自己的行为，明确你什么能做什么不能做，你向哪个方面靠拢，要多读圣贤之书，多与圣贤相亲，这是我们修行人要做的事情。

这也是为什么修行的道路上需要一个师父的引领。真正的师父就是一面镜子，一个榜样，你受他的影响，他随时在把你往上拉；而你生活中受到的影响，大部分是把你往下拉，都是些俗人，俗人跟你在一起，就把你修行的一点点的进步，全部给消化掉。本来你在这里听了两天课，很有心得体会，想着回去要好好修行；结果在回家的路上一上火车，来了一群朋友聊聊天，聊着聊着，就觉得兴奋，他把你带走了，比我的影响力还强。等你回到家以后，我们上课对你的影响，已经完全被你消耗光了。这是比较极端来说的，也许回家以后你还有三天或者一个月，在我的影响之下会修行用功；过了一个月之后，我们上课的影子就没了，你的头脑里又充满了别的东西。

我们讲要过庆祝地生活、感恩地生活，这都跟你的情感净化有关，思想的净化就跟你的阅读、接纳的信息有关。把前面三层都充分地净化之后，你打坐、站桩才能一下子就静下来，进入超越前三层的核心。你平时就已经是天天跟圣贤交流，跟圣贤的心相印，每天看的都是经文，都是智者的书，你每天都在修行，那拉后腿的能量就小了，打坐、站桩你一招就能进入状态。如果你一天十几个小时都在跟世俗的人打交道，接纳的都是一些世俗的信息，他们都把你拉向凡夫俗子的这种生活状态，然后你偶尔想起修行，你静坐的时候还是静不下来，容易被他们的信息带走了。

4. 禅修的核心本质

最后我们再讲一下禅修的核心本质，前面已经从生命的四层结构理论讲过禅修的核心原理，现在我们从修行的角度再重点做个梳理。从生命的四层结构来讲，禅修的核心本质就是回归第四层，也就是认知自己的本体状态。一开始我们修行的时候，有各种各样的有为的方法，但是到了高级的状态，就离开了一切的有为和造作，直接回归空灵的本性状态。

在最终的觉悟当中，没有任何的对象性，是一个完全的非二元的纯粹觉性的呈现。如果你说悟了，悟了个什么呢？悟到你是一个什么特殊的东西、特别的存在状态，或者看见一个什么东西，显现某种特殊的境界，只要有个“悟”的“对象”在，那都是假的，不是真悟了。真正的觉悟不可言说，因为它是非二元的，一说就有二元性；那个状态当中它没有主体和客体之分，没有认知和认知对象的二元分别。

修行的过程是从有为到无为，前面三层的净化是有为，我们净化心理，净化情感，净化身体，这些是有为，而到了最后悟入本体则是一种无为，也称之为“无修”，超越了修行相，没有造作。

对于前面三层，修行人的态度是积极面对并去转化它，这种身体、情感和思想的净化、提升才是我们修行的正确的方向，而不是去压抑和逃避。压抑和逃避是修行的歧路，很多人没有真正去转化自己，就假装是一个修行人，只是把自己很多的东西死死地压住，压抑完之后，终有爆发之日。你说要好好去修行，要怎么样，但是在前面三层没有得到足够的净化的前提下，我们的修行会变成一种自我折磨和自我压抑。

你在山洞里闭关了三年，其实是在山洞里面“关闭”了三年，是坐了三年的牢，你自己很难受，但是为了某个目的你坚持了下来——为了在出关之后有这样一个资历，你曾经在某某山洞里有三年的闭关经历——这是完全走向了修行的反面。修行本来是要超越自我，很多修行人吃苦耐劳，他最后的目的就是要出人头地。闭了三年关，就可以拿下这个庙子，就可以干庙里的方丈，这个资历，比博士学位还管用。一个真正的修行人，曾经在山洞里闭了三年关，这是很了不起的；但是如果只是关了三年的禁闭的话，这种闭关毫无意义。

真正的“闭关”不是“关闭”，而是一种心灵的自由开放的状态。哪怕他是在山洞里，他一定是跟广阔的宇宙相通相连，他的心灵是无限开放的，关房关闭不了他。他的身体在关房里面，而他的精神状态则远远超越了关房，是跟无限的宇宙连在一起的。他是一个“吾即宇宙，宇宙即我”的状态，独立宇宙而不为孤，一个人在宇宙当中却并不孤独，因为他找到了道，找到了宇宙的知音，他整个人就是一个完整的世界。

禅修到了最后，回归真正的本体状态，这种状态就是两个要点：一个是空，一个是明。这一点我已经强调过很多次了，空明不二是根本的要点。空，就是无思想，无分别；明，就是有觉知，有意识。这两点一定要同时把握住，佛教讲寂而常照，照而常寂，也是这个道理。寂，就是空寂；照，就是明觉。有明觉而无分别，无思想而有意识。如果你问我，你这个状态对不对？你现在不用问我了，我已经告诉你方法了，你自己去衡量一下你是什么状态。如果你无分别，也无觉知，那是昏沉；如果你有觉知，又有分别，那是散乱。这都不是我们所要的状态。这一坐打得好不好，有没有效果，就看你有没有进入这种空明的状态，是否进入这种寂而常照、照而常寂的状态。

整个修行的核心就是一个“观”字，一切修行的智慧皆从“观”中而来。我的法名是“观虚”，这两个字是整个修行里面最重要的两个字，“观”是功夫，“虚”是本体，“观虚”包含了全部的本体与功夫。“观”是修行的核心功夫，而“虚”就是我们心灵的本体状态。观到了虚，让虚成为你生命的一种常知常觉的存在状态，你就活在一种太虚的状态之中。但也可以说，“观”

字里面就包含了一切，通过“观”就能入于“虚”之本体，达成“虚”之境界。

什么是“观”呢？初步的观代表我们有一种对客体的觉知，就是我们知道、意识到一个事情；再深入一层，就是观看那个能观者，就是把意识的目光回看它自身。观和思想有一个重大的区别，一般的哲学是一种思想，但是缺少的是观的智慧。观，它本身不是去思考，而是一种冷静的审视，是冷眼旁观的一种智慧，就是清楚地看到或者意识到一件事情。比如说我观心，我心里的起心动念都在我的觉知当中，我观照到我的起心动念。有了观照以后，事情一下子就有了根本的变化，原来的念头是杂乱无章的，有了观照之后，念头的混乱状态被终止了，一种新的秩序诞生了。

大家马上可以做实验，不要光听我讲道理。你来观看一下你的思想，你试图观照一下自己的思想。你开始反观自己的思想，像猫捉老鼠一样，盯着自己的思想看，自己的下一个念头在哪里？找到了没有？当你冷静地观察自己的思想的时候，这一刻你是一种宁静的状态。这里面就有核心的智慧，就是胡思乱想并不可怕，因为你没有观，它才成为问题；在你观的刹那，混乱之中就有一种秩序产生，胡思乱想就有了某种和谐的旋律，它不能够打扰你，它不再是个问题。也就是说，我们的胡思乱想之所以是问题，是因为我们缺少后面的观照。当我们观照胡思乱想的时候，它已经不是问题了。

前面我们讲了永明延寿禅师的心法，若能观一念无生，观到念头当下是无生的，是空性的，那么当下就解决问题了，一看自己这个念头本身就没有实体，是无生的，找不着，心就清静下来了。

观照的反面就是无意识。你不知道，你没有意识到，它才成为问题；一旦你知道自己的问题，它就不是问题。问题在于你不知道你的问题，当你意识到你这个人有什么毛病，这个时候就是疗愈的开始，它就不会成为问题。一切的罪恶来自于无意识，就是你没有觉知到，你在昏睡之中，你所犯下的一切错误和罪恶都是来自于你的无意识，是因为你缺少这种智慧之观。所以坏事才叫"出了意外"，之所以出问题，是因为它在你意料之外，你没有觉知到。人们之所以出车祸，是因为那个时间，驾驶员的心不在车子上，他没有好好驾驭他的车子，他走神了。

生命之舟漂流在神性的海洋里，但是被我们的身体、思想和情绪所束缚，而停留在此岸。我们之所以在此岸，是因为有身体的障碍、情绪的障碍和思想的障碍，前面三层把我们框住了。我们一直在划船，想过到彼岸去，但是如果我们没有解开前三层的束缚，我们就没法到达彼岸。而观照、禅修就是这把钥匙，它帮我们解开前三层的束缚；解开束缚之后，我们就可以无为，让神性的风自然地把我们带领到彼岸去。解开前三层的束缚，需要钥匙，需要有为；一旦束缚被解除了，就可以任运无为，让神性的风吹着生命的船帆，驶向觉悟的彼岸。

我们不能觉悟第四层本体结构，是因为有前面三层的束缚；而这种观照禅修，就是解开束缚的钥匙。禅修的境界，核心是心能转境，从功夫上来讲，禅修的核心就是觉知、有意识、观照，这是心能转境的关键，是全部修行的核心线索。不管你修什

么法，用什么方法修，你要提高观照的能力、觉知的能力、有意识生活的能力，这就走在正确的道路上。如果你的修行是越来越无意识，越来越机械化，越来越充满迷信，你就走在错误的道路上。禅修就是意识的成长和开花，当你完全经验意识的无限和无限的意识，整个世界就是神性的海洋，就是道之海洋，这个终极统一、和谐喜乐的觉醒的世界，就是所有宗教的最终目标，而真理、上帝、道，这些都是它的别名，核心是一个东西。

最后我们再把整个修行用佛教的语言来归纳一下，做个总结。整个生命的方向有两个大的方向，有两条轨道：业力的轨道和智慧的轨道。业力的轨道是以“无明”做主，在无明的引领之下，以自我为中心，充满了“贪嗔痴慢疑”种种心灵的烦恼和困惑。这是一条线，就是无明做主，业力做主，以自我为中心，贪嗔痴慢疑，烦恼重重，业障重重，这是我们凡夫所有的状态。修行就是智慧的轨道，就是从“无明”到“明”。这个“明”是什么？就是觉醒、觉悟，觉知到自己的真性、真我。“明”就是“无明”的反面，无明就是不觉知自己，不觉知真我，不觉知这个第四层本体结构；明就是对第四层的觉知、觉悟，从无明到明，有了明之后就有了觉性，就能够破除自我中心，就能够达到心灵的净化，也就能够解脱生活中各种的烦恼。这样，你就能达到一个喜悦、觉知和存在“三位一体”的状态。解脱的状态它有三个面向，一个是存在，一个是喜悦，一个是觉知，这就是我所说的“三位一体”。在解脱的状态里，不是说你要去追求喜悦，它是没有任何依赖的无条件的喜悦；也不是说你要去探求自己的存在，它本身就是终极的存在；你也不是去寻求觉知，这种状态本身即是彻底的觉醒。

要觉醒本体，必须超越自我中心。自我是我们在长期的生活当中慢慢形成的一个中心，这是一个错觉，它属于第三层的范围，本质上是空性的。是因为我们迷失了本性，不知道主人之后，我们误以为自我是主人，把自我当作自己的生命的本体，这是一种迷失。就像我们把绳子当作蛇一样，这是一种幻觉或者迷失，而觉悟并不是真的去创造一个新的自我，而是看见自我的虚幻，回归真我的本来面目。觉悟不是要去把“蛇”变成“绳子”，而是要认清楚绳子的真相，它本来就是绳子而不是蛇。自我本身并不存在，去迷失与错觉之后，就恢复了原本的真相。觉悟并不是创造一个新的世界，而是认清万物的实相。

结　语

最后讲几句结束的话。大家回去之后，就要进入修行的生活，我讲一些修行真正要注意的地方。

第一点，就是要建立家庭的禅堂，养成修行的习惯，每天形成定时静坐或站桩的习惯。

这次课程结束你回到家里以后，要在家里建立自己的“禅堂”，不需要摆设许多东西，只要在你家里找一个你可以安静修行的地方，哪怕是一个小角落，放一个垫子，每天找时间能够在这里修行。关于修行的时间，每天早晚至少要利用上一次。如果你是早睡早起型，你要早睡了，如果睡前没有时间，那么你早起之后就要拿点时间来修行。如果你是晚睡晚起型，你睡那么晚，你睡之前的这时间你要用来修行。这是最基本的要求，再高一点就是你睡觉之前，起床之后，都各修一次，时间以半小时为起点，至少站半小时桩或者静坐半小时，都可以。如果你一天站桩一次，静坐一次，那就更好了，就比较平衡。要建立你修行的一个禅堂，养成修行的习惯。

平时你很多坏习惯已经养成了，但是我们现在修行则要建立一个新的习惯。一开始需要勉强自己，从勉强到自然，等你境界高了，就不需要勉强了。如果有一天你在修行当中慢慢找到了它的感觉，找到这种喜悦的味道，那就不需要我来监督你、提醒你，别人不让你静坐还不行，谁都不能再打扰你静坐了。那个时候你就会对修行上瘾，上瘾也不一定是坏事，我们上神性的瘾，上静坐的瘾，也是好事情。通过对修行上瘾，你会更加自觉地修行；当然最后是要破除上瘾的，觉悟的境界里不能有任何束缚，要达到完全的自由自主，上瘾总是有一些执着在里面的。但一开始还是有点上瘾比较好，这是从勉强到自然，从有修到无修后的过程。

第二点，就是你在修行当中有任何的喜悦、任何的体会和心得，要贯穿到生活里面去，要用在生活当中，行住坐卧不离这个，把修行当作生活的主旋律和最大的事情来做。每天做这些功课，然后落实到生活中去。生活是最终的道场，不经“事上磨炼”，修行的境界是不能落实的，功夫不能落地，境界无法相续。

第三点，就是你要去不断地加强自己与灵性世界的联结。这个灵性世界是广义的，你可以读经典，读圣贤之书，读佛经、道经，读那些得道大师的书，不断地跟他们保持心灵的联结，这样能够提升你的精神境界，让你成为一个有智慧的人，而尽量少看那些无关的信息、杂乱的信息。你和什么样的人在一起，你就会成为什么样的人！

回去之后还有一个基本的功课，就是把我们这两天讲的东西，你自己消化一下，每个人写一篇心得报告，有什么收获，有什么体会，你自己总结一下。总结就是一个自我提炼的功夫，哪怕你什么也没学到，什么体会也没有，你也可以总结一下为什么

什么都没学到，为什么什么体会都没有，原因在哪里？你总要学会自我反省，自我总结，如果不总结，不发现自己的问题所在，你就不会进步。

最后谢谢大家这两天的耐心倾听。你们这一期的学员的表现，我觉得还是相当不错的，没有太多的违背纪律的地方，大家还是比较认真地看待这个事情。希望大家回去之后，也要一如既往，跟这两天一样，要保持这种修行的习惯，坚持下去，希望大家都能够真正地走上禅修之旅，早日证悟自己的本来面目，在修行的道路上取得突破。

后 记

人生是在各种各样的“束缚”中向着“自由”成长的一个旅程。

束缚是多方面的，有来自自然界的束缚，也有来自社会的束缚；但根本的束缚却是来自于“自我”。因为一切外在的束缚，最终要取决于自己内在的觉醒程度，才能走向终极的自由。人归根结底是要从自己的内在束缚中解脱出来，才可能实现生命的自由境界。

内在根本的束缚是执着于自我而来的“贪嗔痴”，对外物的抓取与贪执使人烦恼重重，终日计较，分别得失，而无法达到人生的安宁与幸福。要破除这些束缚是极其艰难的，这不是靠一般的思想或心理修养即可达成的，它必须有一整套的来自于悟道者的“见地”作指导，同时要有真实的可以操作的实践功夫。禅修是通往自由的道路，是灵性的根本奥秘，它不是宗教的专利，它是人生探索自由解脱的工具与方法。

本书是关于禅修与灵性奥秘的一份简略的“地图”，仔细探讨了人生束缚的处境及其缘由，走向自由的道路及其注意事项。这本书完全超越了宗教的信条，它是立足于现实的人生与真实的体道境界而给出的生命智慧的美丽画卷。

本书是根据 2018 年 4 月 14—15 日“禅修：灵性的奥秘”第 2 期课程的录音记录整编而成的。在新弘笔录稿的基础上，由观虚道人校订，加以分章标题，形成了本书现在的样子。

观虚斋教学已创立了三门课程，包括“禅修：灵性的奥秘”“宗教智慧与大道养生”和“中国智慧——三教实修”，形成了一个完整的系列。“宗教智慧与大道养生”课程已经出版了前四期的讲录，现在我们将出版其余两门课程的讲录，以利益更广大的读者。今后，我们将更多地解读经典，而不再创立新的观虚斋教学课程。

最后，我要特别感谢大北农集团创始人邵根伙博士对出版观虚斋作品的大力支持，感谢中国道教协会副会长张高澄道长为本书题写书名，感谢多年以来一直关心和支持观虚斋弘道事业的众多的道友！

戈国龙

2022 年初夏记于观虚斋